# Culto a la
# Santa Muerte

## -Historia y formas de invocarla-

## Alexander Rosacruz

### Editorial Anuket

# Índice:

## Introducción

Quisiera aprovechar estas primeras líneas para encuadrar correctamente el culto a la Santa Muerte, antes de ofrecer una detallada explicación sobre ella.

Me parece conveniente distinguir entre religión, cultos y sectas, y así poder determinar qué espacio social ocupa nuestro centro de estudio, y comprender las expectativas que se tiene sobre él.

Por una parte, la religión es un conjunto de creencias, prácticas y rituales que se basan en la relación entre un ser supremo y sus seguidores. La religión tiene una estructura organizativa establecida y se ha desarrollado a lo largo de siglos. Por lo general, las religiones tienen una gran cantidad de adeptos, y se la considera una parte importante de la cultura y la identidad de una sociedad; atravesando espacios políticos y económicos.

Un culto, por otro lado, es un grupo pequeño y aislado que se centra en un líder carismático y en la práctica de un conjunto de creencias y rituales específicos. Los cultos pueden tener prácticas que no son aceptables para la sociedad en general, y a menudo utilizan técnicas de persuasión para atraer y retener a sus seguidores. A menudo se consideran grupos extremistas o peligrosos, y pueden tener un impacto negativo en la vida de sus seguidores.

A su vez, una secta es un grupo que se separa de una religión establecida para seguir un conjunto de creencias y prácticas distintas. A menudo, las sectas son fundadas por un líder carismático que afirma tener una revelación especial o una nueva comprensión de la religión. Las sectas pueden tener una estructura organizativa establecida, pero a menudo se consideran como grupos extremistas o marginales. Las sectas también pueden tener prácticas que no son aceptables para la sociedad en general.

Hay varias diferencias entre religión, culto y secta. En primer lugar, la religión es una parte establecida y respetada de la cultura y la sociedad, mientras que a los cultos y a las sectas se las consideran un tanto marginales y a menudo son objeto de sospecha. Además, las religiones, por su longevidad, tienen una gran cantidad de seguidores (que pueden o no participar de los rituales) reunidos en una estructura organizativa establecida con influencia política, mientras que los cultos y las sectas son grupos más pequeños y aislados, de reciente creación, cuyo ámbito de influencia social es reducido.

En segundo lugar, los cultos y las sectas a menudo tienen un líder carismático que atrae y retiene a sus seguidores. Este líder puede afirmar tener una revelación especial o una nueva comprensión de la religión, y a menudo utiliza técnicas de persuasión para mantener a sus seguidores en línea. En contraste, las religiones, a menudo se centran en la adoración de un ser supremo más que en un líder específico.

En tercer lugar, los cultos y las sectas a menudo tienen prácticas que no son aceptables para la sociedad en general. Por ejemplo, pueden requerir que sus seguidores se aíslen de la familia y amigos, o pueden tener prácticas que son peligrosas o ilegales. En contraste, las religiones establecidas tienden a tener prácticas que son más aceptables para la sociedad en general.

Es importante destacar que no todas las sectas o cultos son dañinos o peligrosos. Hay muchos grupos pequeños y aislados que se centran en la espiritualidad y la práctica religiosa, sin intentar dañar a sus seguidores o a la sociedad en general. Sin embargo, es importante estar alerta y prestar atención a las prácticas y creencias de cualquier grupo antes de decidir unirse a él.

En algunos casos, las sectas o cultos pueden ser peligrosos para sus seguidores. Por ejemplo, pueden requerir que los miembros renuncien a sus bienes personales o a la misma familia, lo que puede llevar a un aislamiento social y emocional extremo. Además, algunos cultos y sectas pueden tener prácticas peligrosas, como la negación de atención médica, la manipulación mental y la violencia en todas sus formas.

Es importante destacar que la libertad religiosa es un derecho fundamental en muchas sociedades, y las personas tienen la posibilidad de elegir sus propias creencias religiosas o espirituales. Sin embargo, es importante tener en cuenta que la libertad religiosa no debe usarse como una excusa para dañar a los demás o violar las leyes.

A continuación, proporcionaré una lista de las diez religiones, cultos y sectas más conocidas en el mundo:

Las 10 religiones más conocidas:

Cristianismo
Islam
Hinduismo
Budismo
Sikhismo
Judaísmo
Confucianismo
Shintoísmo
Taoísmo
Zoroastrismo

Los 10 cultos más conocidos:

Cienciología
Los Niños de Dios (The Family International)
El Templo del Pueblo (People's Temple)
Orden del Templo Solar (OTS)
La Comunidad de Dios (The Family)
Heaven's Gate
La Asociación para la Investigación y la Iluminación Espiritual (ASIE)
La Orden de los Solar Temple (OST)
El Santuario del Amanecer (Sunrise Ranch)
El Movimiento de la Restauración (Restoration Movement)

Las 10 sectas más conocidas:

La Familia (The Family International)
Iglesia de Unificación (Moonies)

Testigos de Jehová
Iglesia de la Cienciología
Iglesia de Jesucristo de los Santos de los Últimos Días
(Mormones)
La Comunidad de Cristo
Iglesia de Dios Todopoderoso
La Iglesia del Padre Celestial (Children of God)
La Comunidad del Arco Iris
La Comunidad de los Bautizados en el Espíritu Santo
(Catholic Charismatic Renewal)

Es importante tener en cuenta que esta lista es subjetiva y que hay muchas otras religiones, cultos y sectas en todo el mundo. Además, no todas las organizaciones en estas listas son necesariamente dañinas o peligrosas.

Por su parte, la adoración a la Santa Muerte, comparte características de los tres grupos a saber: Es de reciente creación (en términos religiosos), no posee un líder carismático, sino que se basa en la creencia de un ser supremo (como la religión) posee rituales y creencias sobre el animismo (religión y cultos), se mantiene en un círculo cerrado que son cuestionados por las religiones (como en las sectas).

El culto a la Muerte no es una práctica exclusiva de México, sino también encuentra adeptos en Argentina, Paraguay y algunas otras regiones de América Latina. En estas regiones, San La Muerte es considerada un santo popular y se le rinde culto principalmente en la forma de altares y oraciones en su honor.

En términos generales, la adoración a San La Muerte puede ser considerada como una mezcla de religiosidad popular y folclórica, y aunque algunos de estos grupos puedan considerarse como cultos o sectas, no son clasificados como una religión organizada o formal.

Las características principales de la adoración a San La Muerte incluyen la creencia en la intercesión de este santo en la vida de las personas y la protección contra la muerte violenta, enfermedades y accidentes. Los altares dedicados a San La Muerte suelen estar decorados con velas, flores, imágenes del santo, estatuas y otros objetos sagrados.

Es importante tener en cuenta que, aunque la adoración a San La Muerte puede ser una práctica espiritual para algunas personas, también ha sido asociada con algunos grupos delictivos y de narcotráfico en algunas partes de América Latina. Como con cualquier práctica religiosa, es importante tener en cuenta que no se deben utilizar como una excusa para la violencia o el delito.

# Capítulo 1
# Origen e historia

En la cosmovisión de la India antigua, la muerte nunca fue el epítome del final de la existencia, sino que fue vista como la continuación de la vida. Creen que en el momento en que una persona muere, otra debe nacer en alguna parte. Por lo tanto, no tiene sentido arrancarse los cabellos y llorar a los difuntos. Por eso, junto con las deidades, personificando las fuerzas de la naturaleza, los indios veneraban a los dioses de la muerte y la oscuridad, creyendo en la omnipotencia de la muerte y su poder para destruir cualquier obstáculo.

Con la llegada de los conquistadores, elementos de la mitología de los pueblos indígenas de México (principalmente aztecas y mayas) se mezclaron gradualmente con el catolicismo, y como resultado surgió un nuevo culto religioso: el culto a la Santa Muerte.

La primera mención del culto se remonta al siglo XVII. Ahora bien, este fenómeno es común no solo en México, sino también en todos los países de América Latina, así como en el sur de los Estados Unidos (desde Texas hasta California). Y al día de hoy, solo en México, la "Virgen de la guadaña" ya es adorada por más de cinco millones de personas. Ahora no es solo un culto de ídolos de un pueblo pequeño, sino una parte integral de la cultura nacional.

Los cultistas afirman que la "parca" realiza milagros. A veces ella es más honrada que Jesús porque fue la muerte la que se lo llevó, por lo tanto, ella es más fuerte.

Se cree que ella ayuda donde otros santos no tienen poder. A menudo, las personas rechazan la ayuda de la Iglesia Católica, refiriéndose al hecho de que esta última solo enseña y no ayuda. Pero la Santa Muerte no hace excepción con nadie, todos son iguales ante ella: una prostituta, un policía, un político corrupto, una ama de casa, y hasta un narcotraficante. Esto es lo que dicen los lugareños: "Ella solo ayuda y no interfiere. No necesitas esperar años por un milagro, solo cumple con la solicitud". Solo el solicitante es responsable de cómo se ven los deseos pedidos en su conciencia.

"No importa lo que le des: flores, manzanas, porros, velas o lo que sea. Es importante que venga del corazón. Si eres un jefe del crimen, homosexual, pobre o rico, enfermo o saludable, inteligente o estúpido, ¡no importa! Santísima no tiene prejuicios, nunca culpa a nadie. Ella está lista para ayudar de forma gratuita", sostienen sus files.

Sin embargo, muchos, antes de orar a este Santo, primero se dirigen a Jesús, pidiendo permiso para esta oración. "La gente pide lo que quiere, depende de ellos. Alguien solo viene por una bendición, otro reza por la recuperación de un hijo, alguien quiere sacar a su hermano de prisión, otro más pide una retribución justa y otro, para dañar al enemigo o al delincuente. No hay nada vergonzoso en la venganza, si realmente hay una razón para ello, de lo contrario todo puede volverse en su contra. Santísima no puede ser mala, solo que a veces la gente mala se le acerca y le pide cosas malas", se suele escuchar entre los que opinan sobre ella.

La principal área de especialización de Santa Muerte son los asuntos de amor y dinero, así como la protección contra la muerte violenta y la enfermedad. En primer lugar, custodia a quienes trabajan de noche y arriesgan su vida casi a diario: policías, narcotraficantes, taxistas y mariachis. Es la Santa Justicia atribuida lo que la hace tan atractiva para todos los que se consideran inmerecidamente desposeídos por la sociedad o el destino.

Inicialmente, el culto surgió en los pueblos entre los pobres, eventualmente se hizo popular en los círculos criminales, y mucho más tarde, los residentes adinerados de las grandes ciudades también se interesaron. Pero incluso hoy en día, los principales lugares de culto se concentran en los barrios más pobres. Antes de que se inaugurara el primer Templo de la Santa Muerte en la Ciudad de México en 1999, solo se podían encontrar altares dedicados a ella en casas particulares.

Exteriormente, el nuevo santo mexicano se asemeja a la conocida imagen de la muerte, encapuchada y con una guadaña. Tiene una balanza en una mano. En la otra, el globo terráqueo, lo que significa que todas las personas del planeta están sujetas a Ella. La pelota también simboliza la justicia y la igualdad para todos, independientemente de su origen y condición. A veces Santísima aparece con un vestido blanco y con los atributos de la Virgen María, la encarnación de la pureza y la inocencia. De ahí que otro nombre para ella sea la "Niña Blanca".

Según la leyenda, la gente no conocía la muerte, pero cansada de las interminables penurias de la vida, acudió a Dios y le pidió que la salvara. Dios se le apareció a una hermosa mujer que había elegido y le dijo que en adelante se convertiría en la Muerte, un espíritu desencarnado que trazaría un límite en la vida humana y acabaría con el sufrimiento en los caminos de la tierra. En ese momento, su cuerpo se desintegró y su hermoso y joven rostro se convirtió en un cráneo calvo. El Dios de la Muerte tomó la guadaña de Dios y se dispuso a barrer la tierra...

La Santa Muerte tiene capillas especiales con altares y una estatua de la deidad principal (esqueletos femeninos en trajes ornamentados y elegantes). Además, la imagen de la Santa Muerte se puede presentar como una imagen gráfica o coloreada. La naturaleza del santuario depende del problema que el creyente quiera resolver. El color del manto de Santísima puede ser casi cualquier color, cada uno con su propio significado.

**Hechos atribuidos a San la Muerte**

La Ruta Federal 85 de México, de 754 millas, comienza en la ciudad norteña de Nuevo Laredo. En la frontera se encuentra el Puente Laredo, que es propiedad de México y Estados Unidos. No tiene nada de especial, pero es enorme: cuatro carriles con pasarelas a cada lado, 309 metros de largo y casi 13 metros de alto. El viernes 11 de mayo de 2007 por la mañana, un automóvil procedente de México pasó por debajo de este puente. Unos 14 mil vehículos recorren el tramo todos los días, pero esa mañana (como demostraron más tarde los datos de registro) la carretera estaba casi vacía. Dos hombres esposados fueron sacados del auto y otro más de la cajuela. Los tres fueron conducidos a un altar que estaba ubicado casi en el medio del puente. Por supuesto, el altar es condicional: simplemente en él se arrojan ofrendas ordinarias: cintas, comida, joyas baratas, etc. Lo más importante es la estatuilla del medio. No muy realista, pero una imagen reconocible de una niña con un maquillaje característico y una cara de plástico o goma. Es difícil ver algo: una chica con un vestido de novia blanco que casi la cubre como un velo. El conductor trajo una caja, la colocó en el altar y comenzó a colocar velas de colores cerca. Los tres hombres se arrodillaron esposados. El del baúl se puso histérico, cayó al suelo e intentó rogar por su vida. Primero lo mataron golpeándolo en el pecho y la cabeza. Los otros dos solo recibieron disparos en la frente. Mientras esto sucedía, el conductor escribió una nota en un pequeño trozo de papel naranja y lo pegó en la pared junto al altar. La etiqueta decía: "Esto es para cualquier persona que trate con el Cartel del Golfo. Bienvenidos a Nuevo Laredo, cabrones". Luego, el conductor encendió todas las velas y colocó las flores alrededor del altar antes de que los tres subieran al auto y se marcharan. Los cuerpos serían encontrados en unas pocas horas.

## Del sótano a la sociedad

Enriqueta Romero es mexicana y referente local de San la Muerte. Ha sido entrevistada una multitud de veces, y siempre relata lo mismo sin titubeos "Soy una seguidora de Santa Muerte desde hace más de 40 años". Ya lo dijo en la película de 2007 sobre ella: en 2001, su hijo, recién salido de prisión, se le acercó y construyó una estatua con un esqueleto vestido de mujer. Unos meses más tarde, la figura humanoide fue sacada a la calle mientras una multitud de personas se paraba frente a ella, y luego fue colocada detrás de un vidrio y se construyó un elaborado altar a su alrededor. "Ella nos ama y nos cura. La gente viene aquí en busca de ayuda. Si el hijo de alguien está en la cárcel, tiene sida o no tiene nada para comer, ella recibe los pedidos y actúa en consecuencia". "La muerte es nuestra salvadora, nuestra luz. Es difícil explicar lo que significa para nosotros. Ella protege lo que otros no pueden". No es exagerado decir que Enriqueta Romero promovió por sí sola el culto a la Santa Muerte. Inmediatamente después de que se organizara el altar en Tepito, uno de los barrios más pobres de la Ciudad de México, el culto a la Santa Muerte se trasladó del sótano a la calle.

## Dos niños desaparecidos

México tiene el estado de Sonora. En esta región se ubica una mina de cobre alrededor de la cual se construyó el poblado industrial de Nakosari de García, con una población de 10 mil habitantes. A nadie sorprendió cuando Martín Ríos, de 10 años, desapareció allí en julio de 2010. No se presentó la denuncia y la policía no participó en la búsqueda. El 6 de marzo de 2011, ocho meses después de la desaparición de Ríos, otro niño de diez años Izus Martínez desaparece en la misma ciudad. Sus padres fueron un poco más cuidadosos y acudieron a la policía el mismo día.

En Nakosari de García hay una sucursal local de la Iglesia de la Santa Muerte. El altar está ubicado en una casa en las afueras del pueblo, en la misma casa que frecuentaban ambos niños desaparecidos. La dueña de la quinta y líder del culto era Silvia Meraz Moreno.

El 8 de marzo de 2012, la policía registró la casa de Meraz y encontró el cuerpo de Jesús Martínez debajo del piso de una de las habitaciones de las hijas de Meraz. Ocho miembros de la secta fueron arrestados de inmediato y los cuerpos de Martín Ríos y de Cleotilde Romero fueron encontrados enterrados en los alrededores. Meras Moreno y seis de sus cómplices fueron condenados a cadena perpetua. Sucedió que, en junio de 2010, con la ayuda de su pareja, Meraz le abrió una vena en el brazo al vivo Martín Ríos y derramó la sangre sobre el altar de la casa. En marzo de 2011 se le practicó la misma operación a Izus Martínez, de 10 años, quien fue decapitado solo después de cortarle las venas.

## Decapitado

La ciudad turística de Cancún se encuentra en el estado del mismo nombre en la Península de Yucatán. El 30 de agosto de 2008 se desató un breve tiroteo en las afueras de Cancún entre policías y tres personas en un automóvil que la policía tenia previsto detener. Una de las personas del coche resultó herida, los tres estaban desarmados. En el auto se encontraron un arma de fuego y un hacha ensangrentada. Los capturados pertenecían al cártel de Los Zetas. El día antes de su arresto, los hombres llevaron a 12 personas a un depósito abandonado en las afueras de

Cancún, las decapitaron y las quemaron en un círculo en un campo cercano. Después del arresto, se registraron las viviendas de los acusados y se encontraron símbolos y estatuillas de la Santa Muerte en todas ellas.

## Una persona por semana

El 29 de marzo de 2010, un policía que trabajaba en el barrio Bajo Flores, en la periferia sur de Buenos Aires, Argentina, perdió su arma. Dos semanas después fue encontrado en el mismo lugar el cuerpo del estudiante de filosofía Rodrigo Ezcurro, de 27 años.

Pablo Villa, de 27 años, fue asesinado en el mismo sitio el 22 de julio. En la mañana del 8 de agosto, dos semanas después, testigos encontraron el cuerpo de Georges Mancilla, de 48 años, en la misma zona. Pablo Zanuik, de 26 años, y Marcelo Cabrera, de 28, corrieron en mismo destino en la misma cuadra el 15 de agosto. El último día del verano, el 31 de agosto, Marcelo Antelo, de 22 años, fue arrestado luego de un breve enfrentamiento con la policía. Encontraron una pistola calibre 9, la misma que se había perdido. Según Antelo, le prometió a Santa Muerte matar a una persona a la semana para que ella lo protegiera y lo ayudara a encontrar la prosperidad. Como se puede entender por la frecuencia de los asesinatos, Antelo no cumplió su promesa. Aparentemente, por eso lo atraparon. "La palabra debe mantenerse", según los cultores de San la Muerte.

## La patrona del crimen

Todas estas historias de asesinatos rituales en nombre de la Santa Muerte suenan tan monstruosas solo porque están sacadas de un contexto general, mucho más complejo. Asociar este culto con los asesinatos es una exageración criminal, a menos que se pertenezca a la Iglesia Católica, que pretende ensuciar la imagen de la Santa Muerte, para no perder adeptos. La Santa Muerte tiene al menos seis millones de seguidores solo en México. Y también los tiene en América del Sur y Central, Canadá. La mayoría de los seguidores son adolescentes y mujeres.

Por otro lado, es clara la conexión de la Santa Muerte con el mundo criminal y su prevalencia entre delincuentes de todo tipo. Por supuesto, el punto no se trata solo de la saga de homicidios relacionados a su culto, sino que este santo trae consuelo a sus adoradores. La hermosa niña vestida de blanco, a diferencia de la estricta Iglesia Católica, no tiene requisitos para la integridad y el temperamento de los creyentes, y realmente no necesita nada: con poner un poco de pan y verter un poco de agua, es suficiente. La Niña Blanca no te juzga. Ella no tiene juicio en absoluto, no es parte de su papel. Ella solo da y protege. Si la Muerte le quita algo a alguien, se lo está quitando al enemigo de alguien. ¿Qué hacer si tú mismo te conviertes en enemigo de alguien? Es mejor no pensar en esto, por lo que conviene tener una vida sana, sin enemigos.

No es exagerado decir que la Muerte es la deidad más conveniente del mundo, puedes pedirle cualquier cosa. Los intelectuales progresistas no se sienten decepcionados: en México, esta iglesia pagana apoya activamente a la comunidad LGBT y celebra libremente las bodas gais. Prostitutas, ladrones, asesinos, narcotraficantes, no son juzgados por la Santa Muerte; al igual que el cristianismo en la época de Jesús y el apóstol Pedro.

## Templos demolidos

Claudia Rosales tiene uñas largas y un tatuaje en la espalda. Es dueña de una tienda que vende zapatos y ropa. A principios de 2009, Rosales usó su dinero para erigir una estatua de Santa Muerte en Central Highway en la frontera de Estados Unidos en Matamoros. Un mes después, la estatua fue prohibida y retirada. Al día siguiente, el alcalde de la ciudad dijo eufemísticamente en la televisión que los mexicanos pueden adorar cualquier cosa, pero es mejor hacerlo en casa o en un templo, no en lugares públicos.

La Iglesia Católica tiene todas las razones para unirse a las autoridades en la lucha contra este exitoso culto: las cosas en América Latina, que hasta hace poco eran un bastión acérrimo de la fe, no han ido bien últimamente. Las personas están insatisfechas con las religiones que no las hacen ricas y exitosas. Santa Muerte atrae el dinero, y los contrabandistas lo atestiguan. Durante los últimos años, las figuras huesudas vendieron mucho más que la mercancía mexicana tradicional de la Virgen de Guadalupe. El Padre Francisco Batista de la Ciudad de México citó: "Hace unos ocho años, vimos mucha representación sectaria entre los capos de la droga y los miembros de los cárteles. ¿Por qué? Porque esta gente dice que Jesús o la Virgen María no pueden darles lo que piden, que es protegerlos de los soldados, la policía y sus enemigos". El párroco considera que adorar a la Santa Muerte solo aumentará la violencia en México, porque se dice que la Santa Muerte implica el sacrificio de personas vivas a cambio de su protección. Al mismo tiempo, el aumento de la procesión en el altar de Enriqueta Romero en Tepito fue inversamente proporcional a la disminución del número de iglesias católicas.

La iglesia condena el culto e insiste en que la Santa Muerte no tiene conexión con el cristianismo, pero sus seguidores no son perseguidos oficialmente debido a la libertad religiosa de México. Sin embargo, se llevan a cabo represiones periódicas contra los adeptos a esta fe, especialmente el derribo de capillas dedicadas a la práctica de la muerte.
Al mismo tiempo, los seguidores de la Santa Muerte insisten en que su culto no tiene nada que ver con la magia negra y continúan considerándose católicos devotos. Además, recientemente han comenzado a formarse partidos políticos afines a este culto, en los que los miembros de la congregación realizan regularmente protestas y se niegan a votar en elecciones representativas en contra del reconocimiento de la Santa Muerte.

El culto a la Santa Muerte no promueve las virtudes de la humildad, el perdón, la paciencia, etc., que hacen a las personas pasivas y fácilmente controlables por el clero, como el cristianismo; por el contrario, da a los practicantes la confianza y el poder para defender su mexicanidad.

La actitud del gobierno hacia los cultos es controvertida. Por un lado, la rechazan, llamándola despectivamente "la superstición de la escoria de la sociedad", lo cual es una vergüenza para una persona culta y educada creer. Por otro lado, los cultos existen y crecen con el consentimiento tácito de las autoridades, porque el gobierno y los propios funcionarios a menudo recurren a la "Madre con rostro de calavera" en busca de ayuda.


## ¿Quién es la Santa Muerte?

Algunos adoradores de la Dama de los Huesos la consideran el octavo arcángel. Otros la llaman un ángel caído del purgatorio, tratando de recuperar el favor de Dios y realizando milagros para demostrarlo.

Ritual y doctrinal, el culto a la Santa Muerte es una mezcla de elementos cristianos y paganos y está estrechamente relacionado con la diosa azteca de la muerte Mictecacihuatl. No se sabe si nació en la Ciudad de México en la década de 1940 o en Hidalgo, México en la década de 1960. Una cosa es cierta, sus raíces son profundas en las favelas y el inframundo criminal de México. La expansión total de la Santa Muerte comenzó hace años, cuando sicarios y capos de la droga, devotos religiosos, comenzaron a construir altares ocultos en sus casas, donde secretamente pedían a la Niña Blanca que los ayudaran a delinquir y a evitar el castigo, para poder llevar una vida cómoda o una muerte pacífica.

Al parecer, el furor comenzó en los años 90 después del arresto de "Mochaorejas" (Cortador de orejas), un criminal mexicano. Durante un registro, la policía descubrió el santuario personal de la Santa Muerte en su apartamento. Y hubo una avalancha…

El descubrimiento fue ampliamente difundido en los medios de comunicación, lo que inspiró a otros creyentes a salir de la clandestinidad. Durante dos años, México incluso tuvo una Iglesia oficial de los Seguidores de la Santa Muerte. En muchos sentidos es similar a la Iglesia Católica Romana, solo que en lugar de Dios es la muerte. El atractivo del culto a la Santa Muerte se deriva claramente del hecho de que la Dama huesuda hace milagros más rápido. Ella responde a todas las oraciones y hechizos, incluso si no están destinados a un bien mayor.

## ¿Quiénes son los seguidores del culto a la Santa Muerte?

El culto a la Santa Muerte se encuentra en todos los grupos sociales mexicanos, pero la clase trabajadora, los pobres, los marginados y todos aquellos que se sienten excluidos de alguna manera del poder o de la sociedad son los que más veneran esta sagrada reliquia. Las personas rezan a la muerte por varios propósitos, generalmente por salud, prosperidad, amor o dinero. El culto a la Santa Muerte ha estado durante mucho tiempo indisolublemente ligado al crimen, la prostitución y el narcotráfico. Atrae a aquellos que no pueden encontrar consuelo espiritual en la Iglesia

Católica tradicional porque no pertenecen a los llamados sectores "legítimos" de la sociedad.

Muchos de los partidarios de la Santa Muerte viven al margen de la ley o completamente fuera de ella. Los capos de la droga, los mafiosos, los traficantes, los contrabandistas, los asesinos, las prostitutas o los homosexuales piden a la muerte cosas que a la Señora de Guadalupe no se le pide.

El pleno florecimiento del culto comenzó a principios del nuevo milenio. Los mafiosos, traficantes de drogas y otros delincuentes, a pesar de su forma de vida, son creyentes. Cabe señalar que, en México, donde el catolicismo es una de las principales religiones, la mayoría de las personas con antecedentes penales crecieron en familias católicas. Personas pertenecientes al mundo criminal comenzaron a construir altares secretos en sus casas para rezarle a la Niña Blanca. Le rezaban como a la Virgen: por la salud, la prosperidad, la paz, pero también para que les ayudara a cerrar tratos dudosos o eliminar a sus competidores.

La Santa Muerte es la patrona del inframundo mexicano. La muerte da libertad, no inventa reglas de comportamiento, no dicta qué hacer. Ella solo mira y aparece cuando es el momento adecuado. Ella nunca juzga. No culpa a nadie, solo hace lo que quiere, pero lo más importante, no castiga a nadie por ser quien es.

La Iglesia Católica de México está en declive. Cuando hay un vacío en un campo, la gente quiere generar ideas que puedan llenar el vacío. Las creencias y rituales asociados a la Santa Muerte corresponden a las clases sociales divididas de México, que sienten la necesidad de nutrir su espiritualidad o, como lo ve la Iglesia Católica, justificar sus transgresiones.

Hoy, la Santa Muerte y su culto se pueden encontrar en casi todas las clases sociales. Sin embargo, es claro que la mayoría de sus seguidores se encuentran entre los grupos más ignorados por el resto de la sociedad y las autoridades. Se cree que solo la Santa Muerte puede escucharlos y satisfacer sus necesidades especiales. La dama huesuda dará la bienvenida a cualquiera que no pueda encajar en los conceptos básicos de la religión tradicional.

Los rituales asociados con la Santa Muerte a menudo se parecen a la tradición católica. En su honor, se erigen capillas y altares en los que los fieles rezan y ofrecen regalos, por ejemplo, flores. La ropa para la celebración de los rituales a menudo se parece a las vestiduras litúrgicas. También se crean cuadros que derivan su estética del arte sacro. Sin embargo, a diferencia de las imágenes mexicanas de la muerte, la Santa Muerte en los retratos da bastante miedo y mira ansiosamente a sus seguidores.

También hay procesiones, la más grande tiene lugar a principios de octubre. El culto también se basa en otras tradiciones, por ejemplo, las paganas. Algunos ritos van acompañados de brujería, satanismo y sacrificios de sangre. Para que "Kostucha" sea amable, lo mejor es ofrecerle cosas preciosas. Algunos sacrifican joyas, otros solo dinero. También hay quienes le ofrece dulces o varios estimulantes, como alcohol y cigarrillos. Según las creencias, la dama huesuda cumple de buena gana las solicitudes de quienes le brindan la mayor generosidad. Si una persona no tiene nada y quiere volverse a la Santa Muerte, por lo menos debe encender una vela en su altar.

Los delincuentes que envían solicitudes a la Santa Muerte saben que no lo hacen en vano. Además, mayores exigencias exigen sacrificios más ricos. Los pagos siempre deben hacerse de acuerdo a los deseos. La Santa Muerte quiere que sus seguidores realicen rituales. El uso compartido desagradable de drogas psicoactivas o alcohol es uno de los rituales menos destructivos. También suele haber sacrificios de sangre, como copas llenas de sangre animal. Los criminales más peligrosos lo hacen con víctimas humanas.

Los asesinos actúan como hombres de negocios, firman contratos con la Dama Blanca y prometen ofrendas cuantiosas. Estas acciones son profundamente inmorales y están impulsadas por una pasión y una romantización del mal y la agresión. En este caso, el tipo de fe elegido puede tener consecuencias trágicas para un extraño. Resulta que el sacrificio de sangre no fue solo obra de los jefes de la mafia y sus secuaces. Se conocen casos en los que aparentemente los asesinatos rituales fueron cometidos por personas comunes, como el ya asociado con la familia de Silvia Meraz.

A los pies de las figuras que la representan, colocan botellas y vasos. Ponen puros, envoltorios de marihuana, sobres con pedidos. Cuelgan fotos de familiares por cuya salud y vida suplican. Encienden velas, arrojan monedas a las alcancías. Rezan en concentración.

En el barrio pobre de Tepito en la Ciudad de México, los domingos se reúne un grupo de seguidores, conformado de gente común, traficantes y ladrones, que caminan hacia una pequeña capilla. Entre ellos hay jóvenes, ancianos, personas de mediana edad, familias con niños pequeños, sin barreras generacionales. Sin embargo, predominan las mujeres.

Un texto cuelga frente a la capilla: "En el nombre del Padre y del Hijo y del Espíritu Santo / Luz Inmaculada / Te ruego, concédeme tus favores / Hasta la última hora".

Estas súplicas a la Santa Muerte, a la Chudzina (La Flaca), a la Negrita (La Chica Negra), a la Santísima cuyo culto nació en México poco después de la conquista española, se desarrollaron en las últimas décadas, y ahora se propaga rápidamente por todo el hemisferio occidental, desde Canadá hasta Argentina.

Las imágenes tradicionales mexicanas de la muerte eran, sorprendentemente, alegres: la gente se alegraba de que sus seres queridos fallecidos regresaran por un tiempo y estuvieran nuevamente entre ellos. Las imágenes de la Santa Muerte son diferentes: lúgubres, majestuosas, inquietantes, a veces incluso aterradoras.

Muchas oraciones a ella suenan exactamente como oraciones católicas; sólo algunas tienen pequeñas diferencias. Paso uno: los fieles le piden a Dios que le permita volver a "Chudzina" (Santa Muerte). Segundo paso: piden a la Santísima Virgen que cuide de los enfermos, de los presos y de los pobres, que interceda en los problemas emocionales, que los sostenga en el hogar, en el trabajo, en la calle. Estas peticiones suenan exactamente como letanías al Corazón de Jesús o a Nuestra Señora.

Los seguidores de la Santa Muerte tienen rituales separados, a veces parecidos a los de las iglesias pentecostales. Por ejemplo, cierran los ojos, aprietan las manos y forman una cadena a través de la cual, según creen, fluye energía de ella. Esta energía es para darles fuerza, para ser un escudo defensivo contra las asechanzas, la mala suerte y las desgracias que les esperan en la vida.

Las imágenes y figurillas de la Santísima Virgen son rociadas con agua bendita traída de la parroquia local. A Chudzina le gustan los regalos: cigarrillos, chocolate, varias bebidas. Los rituales también incluyen el manchado de sus retratos y figuras con el humo de cigarros y porros de marihuana. Es una paradoja que la Santa Muerte también sea hedonista.

Los medios de comunicación recaban testimonios en cada convocatoria que se realiza en honor a San la Muerte en Tepito:

Los milagros son difíciles de comprobar. Por ejemplo, cierta vez, una mujer de mediana edad dijo que le habían robado su auto la semana anterior y de inmediato acudió a pedirle a la Santísima Virgen que la ayudara a encontrarlo. Fue hallado de inmediato - ¡prueba de que Ella ayuda! Por eso acudió ante la Santa a darle las gracias. En el transcurso de la semana, resultó que la policía había encontrado el auto robado, pero -como cree la mujer- sucedió "gracias a la intervención divina".

En otra ocasión, una joven con un collar y una camiseta con sus imágenes argumentó que la Santa Muerte había sacado a su novio de la cárcel. Mientras cumplía su condena, ella le suplicó que lo protegiera. Sobrevivió a la prisión, están juntos de nuevo. Ella viene a la capilla de Tepito todos los días a agradecer a la mujer de su felicidad por cumplir con sus pedidos. Esta mujer es católica; sin embargo, cuando el párroco de la parroquia vio que vestía una remera y joyas con la imagen de la Santa Muerte, le gritó que era pecado. Escuchó en silencio y sigue viniendo a la capilla de los "pecadores". Porque cree que es Ella quien la ayuda de verdad.

Un joven (también con una imagen de la Santa Muerte en el collar) llegó a pedir tranquilidad tras divorciarse de su esposa. Dijo que solo confiaba en Ella; ya que "La Iglesia católica es -en su opinión- la mafia más grande del mundo, que hace fortuna con los pobres".

La Iglesia Católica está realizando una cruzada doctrinal contra el culto de Chudzina. Obispos y sacerdotes proclaman que este culto es una blasfemia, una superstición y una violación del primer mandamiento: "No adorarás a otros dioses". A pesar de las condenas escritas en los documentos de la iglesia y lanzadas desde los púlpitos, el culto prohibido está floreciendo y mejor que nunca.

## Sincretismo religioso

El término sincretismo se usa generalmente en el contexto religioso en sentido de una amalgamación de tradiciones, ritos y conceptos mágico-religiosos. No cabe duda que, en el curso de la historia humana, las religiones se influenciaron mutuamente.

El investigador del culto a la Santa Muerte, prof. Andrew Chesnut, del departamento de estudios religiosos de la Virginia Commonwealth University, manifiesta que el origen de la santa se encuentra en la unión entre los motivos religiosos católicos en Europa y las creencias de los aztecas.

Durante la conquista, los españoles trajeron la imagen de una parca (muerte) con una guadaña. Era solo una representación artística de la muerte, no un santo, que tiene el poder de obrar milagros o cumplir peticiones de oración. Varias deidades asociadas con la muerte existían en las culturas locales, sobre todo en los aztecas. Uno de los más importantes fue Mictecacihuatl, y algunos de los descendientes de los pueblos indígenas de hoy consideran que la Santa Muerte es su próxima encarnación. Sin embargo, la mayoría de los seguidores contemporáneos de Chudzina son católicos practicantes. La Santa Muerte no es más que el fenómeno del sincretismo religioso, tan difundido en toda América Latina. Cuba tiene su santería, Brasil - candomblé y umbanda, México - Santa Muerte.

Los primeros testimonios que se conservan de su culto provienen de los documentos de la Santa Inquisición, que con la ayuda de soldados reales destruyó esta creencia, ya considerada por la Iglesia Católica como una blasfemia. Las oraciones a la Santísima Virgen probablemente se detuvieron como resultado de la persecución inquisitorial, o pasaron a la clandestinidad. No reaparecieron hasta la década de 1940, y el culto floreció durante la transformación política mexicana posterior a 2000 y una narrativa extremadamente sangrienta que había estado destrozando al país durante más de una década.

El boom actual comenzó en los barrios de pobreza. El cambio de régimen, es decir, el derrumbe del dominio monopólico del Partido Revolucionario Institucional, significó entrar en tiempos de incertidumbre. Las estructuras de poder formales e informales se habían derrumbado, lo que provocó el caos y una rara ola de violencia. México se inundó de asesinatos masivos, secuestros por rescate, crimen organizado (primero de empresarios, luego de ciudadanos de bajos ingresos, ahora también de autoridades locales). Estalló una guerra entre cárteles de la droga, en la que el Estado entró enviando al ejército.

El saldo de esta guerra hasta ahora ha sido de aproximadamente 200 mil muertos y desaparecidos. Entre los conflictos en el mundo en los últimos años, solo la guerra en Siria y ahora la de Ucrania supera a México en número de víctimas. La relación entre el número de muertos y el creciente culto a la Santa Muerte es difícil de pasar por alto.

## Un celo vengativo

Los psicólogos sociales creen que la crisis económica de 2008 también contribuyó al florecimiento de nuevas creencias y al renacimiento de algunas antiguas. Primero, la sequía golpeó a México, luego la gripe porcina, que desaceleró la industria del turismo, una de las fuerzas impulsoras económicas. Las reservas de petróleo también comenzaron a disminuir. Y como las religiones tradicionales no prevenían las plagas y desgracias, se buscaron nuevos protectores y mecenas que nos ayudaran a sobrevivir a los tiempos de decadencia.

En tal aura, la gente comenzó a volverse hacia la Santa Muerte -que gobernaba las calles- con temor y respeto. Comenzaron a pedirle oraciones para que ella fuera amable y los protegiera. Se sabe que todos moriremos, pero lo que se le pide a la Santísima Virgen es que no se lleve demasiado rápido a nuestros queridos familiares. Los mexicanos comenzaron a construir sus capillas, adoratorios y altares donde fuera posible. Hoy el país está salpicado de miles de lugares de culto.

El Profesor Chesnut cree que, a diferencia de los santos católicos tradicionales, patronos de una sola causa, la Santa Muerte es un santo polivalente y expresa el espíritu de los tiempos de guerra y violencia.

La Iglesia limita los caminos de vida de elección: el hombre tiene diez mandamientos y debe vivir de acuerdo con ellos. En la era de la explosión de la delincuencia mayor y menor, cuando muchos no tienen otra forma de progreso económico que el vicio, la Santa Muerte como objeto de culto es sumamente conveniente. No requiere que el ladrón no robe, y que el asesino no mate. Su culto da a los seguidores del mundo criminal un sentido de consentimiento, una libertad e impunidad peculiarmente entendidas.

La "teología" de la Santa Muerte puede resultar sorprendente. Lo más importante es que cada seguidor tiene la suya. Algunos creen que Chudzina persigue el mismo bien: protege a sus fieles y los defiende. No le importa cuando alguien le reza a Nuestra Señora de Guadalupe. Otros, sin embargo, creen que a veces actúa como vengadora. Según estos, a la Dama de Blanco no le gusta que los fieles recen a otros santos o les pidan favores. En resumen: es un gran celo.

Según esta última "teología" popular, la Santísima Virgen es vengativa y tiene poder para matar. Si te burlas de ella o le faltas el respeto, es posible que te castigue a ti o a alguien a quien amas con una enfermedad o una muerte prematura. Es ella quien decide si morirás en paz y tranquilidad, o en un accidente o en un tiroteo.

Muchos creen que la Santa Muerte es la patrona del mundo del vicio y el crimen. Es cierto que muchos sicarios a sueldo de los cárteles, secuestradores y mafiosos le rezan. A veces incluso le rinden homenaje con sangre humana y matan gente. Quieren disculparse (¿sobornar?) porque saben que pueden atraparlos durante un robo, secuestro, contrabando o intercambio de disparos con rivales de otra pandilla.

Sin embargo, la mayoría de los seguidores de la Santa Muerte son personas comunes y trabajadoras, generalmente pobres. Si hay delincuentes entre ellos, son más bien de bajo monta: los que tenían unas cuantas parcelas de coca o pocos sobres de crack con ellos y no tenían dinero para sobornar a un policía. O los desafortunados que robaron unos paquetes de tortillas -que en México es como el pan en Europa- y fueron a la cárcel por ladrones.

El catedrático Chesnut cree que vincular su culto con el mundo criminal es una exageración de los medios, a los que les gusta modificar las historias para que suenen más sensacionalistas. Para muchos católicos, la Santa Muerte es simplemente uno de los santos, como Santa María o San Juan. Para algunas personas, algo así como el Espíritu Santo, pero femenino.


## Guardián de los criminales

La Santa Muerte no es la única patrona del mundo ilegal. Un culto similar se lleva a cabo en México para "San Jesús Malverde" - el protector de todos los forajidos, narcotraficantes, asesinos y ladrones.

Malverde es una figura auténtica. Nació en 1870, vivió 39 años, fue un ladrón que saqueaba a los ricos y repartía a los pobres. Malverde es el Robin Hood del estado de Sinaloa, la Sicilia mexicana, cuna de todas las mafias locales. Cuando le dispararon y las autoridades prohibieron enterrar su cuerpo, la gente trajo piedras hasta que se creó un montículo. Así le organizaron un entierro católico ilegal. Ahora, en la capital de la región, Culiacán, se levanta una gran capilla en su honor.

"Los tipos más duros, los peores delincuentes de las montañas y los valles, llevaban su imagen en cinturones, escapularios, gorras de béisbol", escribió Arturo Pérez-Reverte en su novela "Reina del Sur". Algunos sicarios pusieron una foto de Malverde en la empuñadura de una pistola o en la culata de un Kalash".

Malverde es también el santo patrón de los inmigrantes ilegales y refugiados. Deambulando desde Centroamérica por México hasta Estados Unidos, dejan oraciones en sus capillas por el feliz final de su peregrinaje.

# Capítulo 2
# Culto a la muerte

El culto a la muerte ha sido una parte integral de muchas culturas en todo el mundo durante siglos. Aunque a menudo se asocia con prácticas religiosas y rituales oscuros, en realidad hay muchas formas diferentes en que se ha expresado este culto en distintas partes del mundo. En este capítulo, exploraremos algunas de las prácticas más fascinantes y sorprendentes relacionadas con el culto a la muerte.

## Asia

En algunos países de Asia, como China, Japón y Vietnam, se cree en la idea de que los espíritus de los muertos deben ser honrados y respetados. En China, por ejemplo, se celebra el Festival Qingming, durante el cual se limpian las tumbas y se ofrecen ofrendas de comida y otros objetos para honrar a los antepasados fallecidos. En Japón, existe una práctica llamada "Ohaka Mairi", que consiste en visitar las tumbas de los antepasados y agradecerles con oraciones y ofrendas.

## África

En África, la muerte a menudo se considera como un evento natural que forma parte del ciclo de la vida. En algunas culturas africanas, se cree que los muertos siguen siendo parte de la comunidad y pueden incluso seguir interactuando con los vivos. En Nigeria, por ejemplo, hay una tradición en la que se invita a los muertos a regresar a casa para una gran celebración en su honor. Durante este acontecimiento, se les ofrece comida y bebida, y se les anima a unirse a la fiesta.

## Europa

En Europa, el culto a la muerte ha sido una parte importante de muchas culturas desde la Edad Media. Durante este período, se creía que la muerte era una fuerza poderosa que podía influir en la vida de las personas. Esto llevó a la creación de muchos y rituales relacionados con ella, como el uso de amuletos y talismanes para protegerse de la muerte, y la creación de monumentos y lápidas para honrar a los muertos.

## América latina

En América Latina, el Día de los Muertos es una festividad muy importante que se celebra en México, Guatemala y otros países. Durante esta festividad, se honra a los antepasados y seres queridos fallecidos con ofrendas de comida, flores y otros objetos simbólicos. La idea detrás de esta celebración es que los muertos regresan al mundo de los vivos por un día para reunirse con sus seres queridos y disfrutar de las ofrendas.

Por su parte, la formación y los orígenes del culto a la Santa Muerte aún están en duda. La mayoría de los estudiosos coinciden en que fue una fusión de varias ideologías espirituales, incluyendo la expansión del catolicismo español hacia las civilizaciones paganas de Mesoamérica, especialmente los olmecas, mayas y aztecas.

El antropomorfismo de la muerte en México y su origen geográfico suele ser muy específico. El culto a la Santa Muerte no suele asociarse con el Día de Muertos, que es muy celebrado en México, pero no estaríamos equivocados al suponer que tienen el mismo origen. Los aztecas lo celebraban cada agosto durante un mes entero: sacrificios y rituales a la diosa de la muerte, Mictlancihuatla.

El hecho de que la base de la integración religiosa del culto se apoye en la actitud de los seguidores de la Santa Muerte hacia el catolicismo: la propia Enriqueta Romero, a quien se le atribuye la popularidad del culto, es una verdadera católica. Es decir, el catolicismo está separado de la Santa Muerte, no se interfieren entre sí. Así es prácticamente en todas partes.

## La Parca y la doma de la muerte

Los mexicanos son quizás más conocidos por domar la muerte. Ciertos lugares en donde viven ocupan un lugar triste y destacado en el ranking de los países más peligrosos del mundo, especialmente por las rencillas entre los cárteles de las drogas. Es en parte allí donde la anarquía parcial y el crimen se apoderan cada vez más de la sociedad, y la muerte se vuelve común.

Domar lo inevitable, como la muerte, está al alcance del trabajo mexicano. Se pueden ver figuras con la imagen de una calavera en todas partes. La cercanía de retratos de la parca con las imágenes de Jesús crucificado no sorprende a nadie. Vale la pena señalar que no todas las figurillas discutidas son retratos de la

Santa Muerte. En muchos lugares de México también se puede encontrar cuadros alegres y coloridos con la imagen de la parca.

No parece haber nada malo en el tema de domar a la muerte, que es abiertamente tabú en muchas partes del mundo. Es bueno estar listos y dispuestos a saber las cosas que seguramente nos sucederán a cada uno de nosotros. Más bien, es un proceso popular no solo en México, sino también en la corriente principal cristiana. Un dato interesante es que, durante la Copa del Mundo en México, la Santísima vistió los colores de la bandera mexicana (verde, blanco, rojo) y sostuvo una pelota de fútbol (en lugar del tradicional globo terráqueo). Todo ello para que la blanquita pueda traer suerte al equipo.

Pero no es solo el fútbol lo que lleva a Santa Muerte a casi todos los hogares. Hoy en día, la imagen de Ella es popular tanto en el país como en el extranjero. Se ha convertido en parte del arte, y los artistas y diseñadores de todo el mundo la utilizan activamente en sus obras. Esqueletos con elegantes vestidos aparecen en los lienzos de Diego Rivera y Frida Kahlo, así como en los grabados e ilustraciones de libros de José Guadalupe Posada.

También Nike lanzó una serie de zapatillas deportivas llamada Santa Muerte; y si recordamos al ya fallecido actor y modelo canadiense. Rick Genest (Zombie Boy), veremos que su éxito se debió a que su cuerpo estaba enteramente tatuado de gráficos que lo asemejaban a una calavera.

México es un país único donde la actitud ante la muerte es muy diferente a muchos otros países occidentales.

## Santa Muerte, el significado de los tatuajes

Las imágenes de la Santa Muerte han aparecido recientemente cada vez más entre las personas que no pertenecen al culto. Los tatuajes inspirados en su personaje se han vuelto populares. Típicamente, estas obras corporales son retratos de la mujer-muerte, predominantemente en gris y negro. También se puede encontrar tatuajes con pequeños elementos de color como flores o a todo color. Tal pintura es usada en los cuerpos no solo por representantes de grupos criminales mexicanos. El símbolo de la Santa Muerte se ha convertido en inspiración para crear muchas creaciones de tatuajes que nada tienen que ver con la identificación con el culto a la muerte, sino que son solo una expresión estética de la expresión artística.

Un tatuaje con la imagen de la Dama de la Muerte en el cuerpo de un delincuente actúa como talismán para proteger a la persona que lo lleva. Sin embargo, la moda de la imagen de la Santa Muerte hizo que dicho tatuaje perdiera importancia. Las mujeres que tienen tatuada la imagen de la muerte creen en su poder para el amor y que gracias a Ella encontrarán en su camino a una pareja idónea con la que podrán pasar la vida.

## Una celebración inusual en México: "El Día de los Muertos"

Los mexicanos son una de las naciones más religiosas del mundo, pero curiosamente durante siglos han combinado hábilmente las creencias paganas de sus antepasados con la religión católica. El culto a la muerte está profundamente arraigado en su cultura. Una de sus fiestas más importantes y coloridas es el Día de Muertos.

El enfoque de los mexicanos sobre el tema de la muerte y la vida después de ella es completamente diferente al de los católicos. Para ellos, la vida y la muerte están indisolublemente unidas, y pasar al otro lado no es motivo de tristeza y luto.

El culto a los muertos se remonta aproximadamente a tres mil años en la época precolombina. Originalmente, el día de los muertos era de gran importancia para las comunidades indígenas que vivían allí mucho antes de la llegada de los católicos. La tradición mexicana del Día de Muertos ha sobrevivido incluso a los tiempos difíciles que vinieron con la invasión española de México en el siglo XVI y que consideraban sacrílega la religión local. Sin embargo, dichas celebraciones no fueron abolidas, sólo sufrieron una cierta evolución, adoptando algunos elementos cristianos. Entre otras cosas, la fecha ha cambiado. Inicialmente, el Día de los muertos se celebraba en agosto y duraba un mes completo, pero se trasladó a principios de noviembre para coincidir con la tradición católica del Día de Todos los Santos. Precisamente, medidas tales como trasladar las festividades indígenas para superponerlas con las fechas de las festividades cristianas se utilizaron a menudo en los países conquistados y colonizados para convertir a la población local a la fe cristiana. Los mexicanos, sin embargo, lograron mantener sus creencias tradicionales sin cambios, combinándolas con dogmas cristianos, que a algunos católicos acérrimos no les gustan del todo.

Como hemos dicho, parte integral en la vida de la mayoría de la población mexicana es la celebración anual del Día de los Muertos, festividad dedicada a la memoria de los muertos, que tiene lugar el 1 y 2 de noviembre. Existe la creencia de que en estos días las almas de los familiares difuntos visitan su hogar. Se organiza un carnaval en todo el país, se preparan dulces en forma de calaveras, el tequila fluye como un río. Los cementerios están decorados con cintas y flores, y los caminos que conducen a las viviendas están alineados con velas para que los muertos puedan encontrar el camino a casa.

El atributo principal del Día de Muertos es la figura de "Calavera Catrina" este es un esqueleto femenino con un vestido lujoso, una especie de fashionista del inframundo, una especie de prototipo de la Santa Muerte. La variedad de tales figuras es asombrosa: además de los atuendos elegantes, Katrina puede tener una dote en forma de un tocador, un piano, un automóvil o incluso un jacuzzi. A menudo aparece en las imágenes más inesperadas: desde una novia y una bailadora de flamenco hasta una estrella de rock y una geisha.

El Día de los Muertos es un evento colorido donde no hay lugar para el luto. La gente del pueblo se disfraza de necrófagos y de la misma Muerte. También es costumbre esparcir cenizas sobre la cabeza y lavar los huesos de los familiares fallecidos durante toda la noche. Cantos, bailes y apuestas ciertamente acompañan la celebración, en la que está terminantemente prohibido afligirse y llorar.

¡El Día de Muertos es un día para celebrar la vida! Y no por nada dice la sabiduría popular mexicana: "¡Todo lo mejor que hay en mí se lo debo a la muerte!".

## ¿El Día de Muertos tiene algo que ver con Halloween?

A pesar de algunas similitudes, como disfraces coloridos, esqueletos y calaveras omnipresentes, la fiesta mexicana no tiene nada que ver con Halloween, ya que está profundamente arraigada en la cultura y las tradiciones del país, y no es solo entretenimiento. Aunque hay que admitir que originalmente Halloween también tenía un trasfondo religioso, que, sin embargo, se fue desvaneciendo con el tiempo, dejando solo una fecha comercial.

El comienzo de Halloween hay que buscarlo en la fiesta celta de Samhain, que pretendía decir adiós al verano y dar la bienvenida al invierno. Los celtas creían que el 31 de octubre, los límites entre el mundo de los vivos y el mundo de los muertos se estaban desdibujando. En la tradición de Halloween, las brujas juegan un papel importante, ya que se cree que debían venir a una fiesta con poderes malignos.

Los mexicanos, por su parte, creen que, a partir de la medianoche del 31 de octubre, las almas de los niños difuntos descienden del cielo a la Tierra y se reúnen con sus familias el 1 de noviembre, y que las almas de los adultos difuntos vienen de visita el 2 de noviembre. Durante este tiempo, las familias instalan altares en sus hogares en honor (llamados ofrenda) de sus familiares, decorados con coloridas flores frescas, velas y los platos favoritos de los muertos. Según la tradición, una ofrenda debe tener 7 grados, es decir, tantos como el alma del difunto tenga que superar los niveles para experimentar la paz eterna. Los invitados reciben pan de muerto, un pan ligeramente dulce, horneado especialmente para la ocasión. Los familiares y amigos del difunto comen, recuerdan, beben tequila y celebran la vida. La mayoría de las veces, no cierran la puerta porque creen que nunca se sabe quién puede traer las almas de un ser querido contigo.

## Domar la muerte y celebrar la vida

En algunas provincias de México se pueden ver personas vestidas como la Parca en las calles de las ciudades, el símbolo aquí es la primera dama de México, Calavera Caterina, una persona con un vestido elegante y un sombrero con plumas de hueso humano. El personaje fue inventado a principios del siglo XX por el artista mexicano José Guadalupe Posada y apareció en uno de los famosos murales de Diego Rivera, lo que lo hizo famoso de un solo golpe.

El ambiente del Día de Muertos es alegre porque para los mexicanos es una oportunidad de reencontrarse con sus parientes ya fallecidos. Los mexicanos están convencidos de que acoger los espíritus de sus seres queridos muertos les garantizará bienestar, salud y los protegerá de las desgracias. Una de las formas de recibir a un huésped muerto es instalar un altar de sacrificio en la casa decorado con flores, en el que se coloca una foto del difunto, sus comidas y objetos favoritos, e incluso alcohol. A veces, el camino desde la puerta principal hasta el altar se ilumina con velas para que los espíritus puedan llegar fácilmente.

En esta fecha los cementerios se llenan de color, flores, incienso y velas. Están llenos del murmullo de la música, las risas y la conversación. Las familias organizan picnics en las tumbas de sus seres queridos para estar con ellos y recordar sus vidas. En muchas ciudades se organizan coloridos y alegres desfiles. En México, la fiesta de los muertos no tiene nada que ver con la nostalgia, la melancolía otoñal y la ensoñación, que están inseparablemente unidas a la celebración del Día de Todos los Santos en el resto del mundo cristiano.

Hay algo extraordinario en el Día de Muertos, y aunque seas un simple espectador, un turista de paso, sentirás la alegría de vivir la celebración. Los mexicanos recuerdan a sus muertos, recuerdan sus vidas y el tiempo que pasaron juntos en esta tierra, en realidad los muertos todavía están entre ellos porque una persona seguirá viva mientras se la recuerde. Vale la pena tomar esta lección de México y recordar la importancia de la vida, disfrutar el tiempo que pasamos aquí y percibir la muerte como parte integral de la vida, como una transición a otra dimensión. Curiosamente, el Día de Muertos de México fue incluido en la Lista del Patrimonio Inmaterial de la UNESCO en 2008.

## Calavera

En el Día de Muertos, las calaveras se pueden encontrar en todas partes, desde dulces hasta papel maché, decorando casas y altares. Algunas calaveras tienen los nombres de los seres queridos fallecidos inscritos en la frente en su honor. El significado de la calavera y el esqueleto en este día es honrar la naturaleza continua de la vida, reírse alegremente de la muerte y aceptarla como parte de nuestra existencia diaria.

## Las calaveras de azúcar

Otra tradición azteca, es fabricar calaveritas de azúcar prensadas y agua, con el nombre del difunto escrito en la frente. Estas calaveras son productos coloridos del arte popular decoradas con papel de colores, glaseado, cuentas, cintas y plumas. Son un recordatorio del ciclo de la vida.

## Pan de muerte

El pan de muerte es parte importante de las ofrendas y es muy valorado durante esta festividad. La forma redonda del pan representa el cuerpo humano. Hay diferentes variedades de esta panificación. Algunos están hechos con hinojo, otros con extracto y cáscara de naranja, otros están recubiertos con semillas de sésamo y algunos están recubiertos con azúcar. Cuenta la leyenda que el pan data de la época prehispánica y podría reemplazar los sacrificios humanos que originalmente requerían los aztecas para celebrar la festividad.

# Capítulo 3
# Ceremonias

Como Santa Muerte es un esqueleto, la atormenta una sed eterna. Por eso, a menudo se le ofrece agua como ofrenda, siempre en vasijas de vidrio transparente. Lo mismo con el alcohol. También flores, pan (a cambiar cada dos semanas), fruta. A sus seguidores les gusta rodearla con velas de diferentes colores e incienso, respiran en la cara de la figurilla el humo espeso de algo humeante, dicen que le gusta. La Santa Muerte sigue siendo una niña, por lo que no puede caminar toda su vida con un solo vestido. Los ropajes deben ser cambiados regularmente. Si quieres amor o, separarte de tu marido, al esqueleto se lo viste de rojo. Si se desea dinero, obviamente, dorado o amarillo. Si hay problemas con la ley: se asesinó, o se robó, antes de rezar, la sudadera con capucha en la Santa Muerte debe ser verde. En cuanto a la sangre de niños de diez años, la mayoría de los investigadores guardan silencio.

La Santa Muerte es indulgente y generosa. Se la puede dejar con su tradicional vestido blanco y pedirle lo que quieras. Por otro lado, alguien dice que, si no la respetas, la Santísima Muerte, destruirá a todos tus familiares y te expondrá a las balas del cartel enemigo.

Tepito, uno de los barrios más peligroso de la Ciudad de México, alberga la Capilla de la Santa Muerte más popular. Su apertura general tuvo lugar el 1 de noviembre de 2001. A partir de allí, cualquier persona que respete a la Santa Muerte puede entrar a su iglesia. Todos los meses, los santeros o fieles se reúnen en la capilla y rezan el rosario para conmemorar la ocasión, y una vez al año, el 1 de noviembre, que es el Día de Todos los Santos en la fe católica, también se celebra la Fiesta de la Santa Muerte.

La fiesta más grande se lleva a cabo actualmente en Tepito. Los creyentes oran, bailan, comen y brindan juntos en la iglesia. Los devotos traen flores a la capilla en los días no festivos. (Los aztecas solían decorar a sus dioses de manera similar. Estas flores también se usaban para poner túnicas de sacrificio a las personas sacrificadas). En el medio, sin embargo, se encuentra la imagen más importante de la Santa Muerte. Esta escultura usa disfraces muy festivos, y recuerdan el vestido de novia de una novia mexicana. Curiosamente, el primer lunes de este mes hay una tradición para usar ropa nueva.

## ¿Cómo se adora a Santa Muerte?

Los santeros consideran a la Santa Muerte como una práctica católica porque va acompañada de la construcción de capillas, uso de altares, colocación de flores, vestiduras litúrgicas, pinturas y procesiones. Desafortunadamente, también va acompañado de brujería, satanismo y permiso para hacer el "mal"; lo que se dice con menos frecuencia. Las figuras que representan el esqueleto de una mujer muerta vestida con ropas o calaveras de cerámica coloridas se pueden encontrar prácticamente en todas partes en México: en las recepciones de los hoteles, restaurantes, confiterías, en los escaparates de las tiendas departamentales, en las tiendas de souvenirs o en los bazares. Muchas veces, la Santa Muerte comparte un estante de una tienda o una vitrina con una estatua de Nuestra Señora de Guadalupe o una estatua de Jesús.

La muerte es una gráfica popular en camisetas, tazas y medallas de collares. También decora el cuerpo mexicano con tatuajes. No molesta a nadie en México. Los seguidores de la Muerte le ofrecen dinero, joyas, flores, alcohol, dulces y cigarrillos. Todo el mundo sabe que Ella no es desinteresada. Cuando se le pide algo a la dama oscura, se le debe dar algo a cambio, o al menos encender una de las llamadas velas sagradas. Estas velas vienen en 14 colores para que coincidan con intenciones específicas. Por lo general, solo se venden en paquetes de siete colores, pero se pueden usar de varias maneras.

## Energía del color de la vela

El elemento fuego es poderoso, atrae a la gente, las fascina. Las velas se han convertido en un elemento familiar de la decoración del hogar para muchos, así como un elemento de adoración a los dioses. Pero, ¿cuántas veces hemos pensado que cuando encendemos una vela, su color afectará nuestra vida? Hay reglas para manejar el fuego: use fósforos de madera, no encendedores. Puede escribir sus deseos en la vela si va acompañada de una oración adecuada.

Ahora veamos qué color de vela encender:

• **Blanca**

Limpieza, salud, espiritualidad, honestidad, fuerza divina, paz y tranquilidad. Esta vela se puede usar en meditación o para orar. Generalmente, las velas blancas se utilizan como velas de altar.

El color de la luz blanca simboliza la perspicacia, las decisiones sabias y la acción verdadera. Tales velas ayudan en la curación y la clarividencia, en la búsqueda de la verdad, alinean y equilibran la actividad de las velas de otros colores.

Este color es muy interesante porque representa varias cosas al mismo tiempo. Por un lado, las velas blancas, que simbolizan el cielo, pueden ayudar a personas de todos los ámbitos de la vida, especialmente a los maestros. Te ayudará a conseguir tus objetivos. Por otro lado, esta luz simboliza el lago y trae alegría a los demás. Si una mujer sin hijos enciende esta vela, la llama de esta vela le traerá la alegría de la maternidad. Se puede utilizar para limpiar la casa de energía negativa.

• **Rojas**

Las velas rojas tienen una amplia gama de efectos. Se utiliza para atraer el amor y la pasión. También se utiliza para restaurar la salud y la resistencia. Este color corresponde al elemento fuego y se puede utilizar para dar fuerza, avanzar hacia una meta, por ejemplo, el crecimiento profesional.

Para aumentar la energía del amor, se encienden dos velas al mismo tiempo, lo cual es un símbolo de reciprocidad. Además de los rituales de amor, las velas rojas se pueden utilizar cuando se necesita energía, vitalidad o para dar vida a un proyecto o idea.

Esta vela ayuda a fortalecer la protección que nos rodea de la ansiedad, los malos pensamientos, evitar a las personas no deseadas, fortalecer el sistema inmunológico y aumentar la vitalidad. Para las personas demasiado tranquilas que están constantemente pensando en cómo superar la pereza o encontrar motivación, encender la luz roja en casa se prescribe como un remedio común. Al mismo tiempo, para las personas que son excitables o irritables, el elemento fuego fortalece su cualidad roja única, lo que puede hacer que actúen de manera imprudente y fortalezca la superficie del conflicto en las interacciones con los demás. Una vela roja le ayudará a volverse famoso y ascender más rápido en la carrera profesional. Pero tenga cuidado de no repetir con mucha frecuencia este ritual, porque si no, siempre estará inquieto. El color rojo le estimulará a la actividad y la pasión, lo que no le permitirá relajarse y descansar.

### • **Rosas**

Feminidad, atractivo, romance, amistad. Amor tierno y puro. Las velas de este color ayudan a construir relaciones incluso con personas menos fieles.

El rosa es la mezcla de rojo y el blanco, haciendo que el rojo se convierta en el color preferido para la amistad, el amor y los cambios en la vida personal. Las velas rosadas atraen el romance, la sensualidad, pero también las relaciones sublimes que ayudan a las mujeres a volverse más suaves y tiernas, sugiriendo una forma de encontrar la armonía en el alma. La energía de la llama rosa sirve para programar una reconciliación después de una disputa o para encontrar una solución de compromiso; su manera de interactuar es tranquilizadora. Las más exitosas y mágicas son las velas perfumadas con olor a rosas, que refuerzan la importancia del color en el fuego.

* **Amarillas**

Estas velas aumentan la atención y el foco en cualquier problema o actividad. La energía de la llama de luz amarilla está destinada a ayudar con la rápida asimilación del conocimiento, el desarrollo y la mejora de la memoria. Además, el color amarillo también es símbolo de felicidad económica y material. Deje que la luz amarilla se apague el día antes de una reunión importante para usted pueda ganarse a las personas o convencer a alguien de que tiene razón.

Estas velas simbolizan el elemento tierra y se utilizan para mejorar las relaciones matrimoniales y amorosas. Y si desea armonía y comprensión mutua en su relación con su pareja, al encender una vela amarilla, obtendrá rápidamente lo que desea. Además, una vela amarilla llena de optimismo y alegría la casa y las personas que la habitan. Estas velas son especialmente buenas para encender cuando tiene invitados.

* **Naranjas**

Esto es control sobre la situación o su cambio. Un símbolo de poder y empresa, la capacidad de adaptarse rápidamente. El naranja se considera el color de la alegría, la felicidad, el optimismo. Entonces, si se vuelve triste, encendemos una vela naranja y recordamos los momentos felices de la vida: el anhelo desaparecerá para siempre. La misma vela se puede utilizar para todo lo relacionado con el sexo y el placer.

Se encienden velas naranjas para atraer la energía del éxito y la fama. Ayudan a tomar decisiones importantes y responsables y son una herramienta poderosa en el inicio del cambio.

Es interesante saber que la vela naranja es un símbolo de tres cosas a la vez. En primer lugar, simboliza las montañas y da a sus dueños sabiduría y paz. En segundo lugar, atrae riqueza y crecimiento profesional a la casa, y es un símbolo del sol. Y su último significado es que proporciona asistencia en la promoción profesional. Una vela naranja ayuda a mejorar la vida en todos sus aspectos.

- **Marrones**

Tan relevante como siempre en momentos de crisis financiera y situaciones inestables. El primero es la asistencia en casos judiciales. El segundo es para el tratamiento de mascotas. El tercero es ayuda para encontrar cosas que faltan.

El marrón es el color de la tierra, el color de la raíz, el color de la familia, el color de la vida tranquila y sedentaria, y el color del "sentimiento del rebaño".

Las velas sin refinar son marrones. Estas velas ayudan a equilibrar la conexión con la naturaleza y el mundo exterior.

## • Verdes

Es útil para atraer riqueza y tesoros, jugar a la suerte, el negocio está en auge, el trabajo va sin problemas y la cosecha está llena. Y armonía, regeneración y sanación del cuerpo. Casamiento.

La abundancia de velas verdes en la casa es un buen programa para su mundo, el fuego y la tierra en una proporción armoniosa contribuyen al éxito y a los frutos maravillosos, tanto en términos de decisiones exitosas como de ganancias materiales. Una mujer que no es indiferente a las velas verdes es joven de corazón y tiene una belleza natural interior inusualmente atractiva. Las velas verdes bien pueden ser sus amigas diarias, ayudando a consolidar el resultado de deseos cumplidos o rituales mágicos realizados.

## • Azules

Espiritualidad, meditación, oración. Paz, protección y silencio en la casa. Ayuda a proteger los edificios.

La luz azul ardiente trae comprensión, lealtad y protección a la casa. Las velas azules suprimen la pasión no deseada y dan una sensación de pureza y ligereza.

Las velas de color azul claro tienen un significado similar al azul oscuro, pero tienen un efecto más suave, trayendo paciencia, inspiración y ayuda con el sufrimiento mental.

La llama de una vela azul, si piensas en tu amado mientras la enciendes, programará su lealtad y devoción por ti. Las velas azules se utilizan a menudo para las sesiones de espiritismo. Otros usos incluyen sabiduría y protección, meditación, curación y salud física. La casa se vuelve tranquila, tolerante y pacífica. Ayuda con la pérdida de peso. La quema continua de velas azules ayuda a recuperarse de enfermedades graves. Se usa para sanar y deshacerse de los efectos negativos.

Si alguien cercano a usted está enfermo, encienda una vela azul y deje que se apague, se lleva la enfermedad consigo. Además, se puede utilizar para deshacerse de los problemas causados por la envidia, la ira de otras personas. La vela azul es ideal para la meditación ya que activa la mente.

Las velas azules nos ayudan a perdonar a otras personas y obtener el perdón para nosotros mismos, son buenas para las prácticas de meditación y en un momento en que se necesita sanación espiritual o física. Las velas azules atraen sueños proféticos, le ayudan a comprenderse a sí mismo y a encontrar las respuestas correctas a sus preguntas. Al mismo tiempo, uno no debe recurrir a menudo a las velas de color azul oscuro en busca de ayuda, un exceso de la energía de su llama hace que una persona sea depresiva.

Si está cansado de la molestia y el alboroto, desea establecer un ambiente tranquilo y amigable en la casa, entonces las velas azules y todos sus tonos lo ayudarán en este asunto.

## • Púrpuras

Un color muy espiritual. Las velas moradas realzan el encanto. Ayudarán a iniciar nuevos negocios o cualquier otro emprendimiento.

Se utiliza para eliminar hechizos, desterrar fuerzas oscuras y tratar enfermedades graves. Ayuda con la videncia, la adivinación y la conexión espiritual con el otro mundo.

Estas velas revelan las posibilidades ocultas de una persona, expanden los límites de la conciencia, protegen contra la influencia mágica del exterior y purifican la negatividad fuerte, ayudan a cambiar los eventos de acuerdo con su situación, brindan oportunidades para el desarrollo de la intuición para actuar con decisión y sabiduría.

### • Violetas

Algunas propiedades de las velas son similares a las púrpuras. Útil para la videncia y la adivinación. Las velas se pueden encender durante un contacto prolongado.

Un color muy hermoso, "de otro mundo" El violeta es una mezcla de rojo y azul, respectivamente, y tiene características de ambos colores, pero también tiene su significado. El estrés y la calma en rojo, la flexibilidad en azul crean algo incongruente, misterioso y mágico bajo esta luz. Color intuitivo y conciencia de la esencia de las cosas. Promover el éxito y la protección, ayudar a los negocios, desarrollar contactos comerciales, establecer una buena reputación. Puede eliminar los errores cometidos. Es buena para la meditación y el autodescubrimiento. Le ayudarán a adentrarte en los rincones más lejanos del alma.

• **Grises**

Expulsa suavemente las fuerzas oscuras y neutraliza las influencias negativas. Útil para pensar en problemas complejos. El gris es el color de lo incompleto y la subestimación, a medio camino entre el blanco y el negro. Sin rasgos evidentes de uno u otro, generalmente se lo considera negativo. Esto puede crear una sensación de falta de originalidad y aburrimiento.

El color gris sirve para la neutralización, cancelación de hechos pasados, tratados y decisiones, terminación pacífica de alianza, equilibrio de poder, legalidad, regularidad, orden necesario, indiferencia, neutralidad.

Las velas de tonos grises son neutras, le ayudan a recobrar el sentido y ordenar sus pensamientos. Buenas para la relajación y la reflexión, útil al final de un día duro y agotador.

• **Negras**

Estas velas se utilizan a menudo para absorber y eliminar la energía negativa. Las velas unen las fuerzas oscuras y brindan protección. Eliminan el mal de ojo y las lesiones. Las velas negras se utilizan a menudo como velas de altar, incluso con velas blancas para equilibrar la energía. Este es el caso cuando uno juega con fuego.

Se utilizan para alejar las fuerzas del mal, las enfermedades, cualquier influencia negativa, eliminar obstáculos y crear justicia. Nunca use esta vela con fines egoístas para dañar a otros, ya que esto afectará negativamente su propia energía. Esta luz es para la meditación profunda, el pensamiento serio. La vela negra repele toda posible negatividad en su vida, ayuda a eliminar obstáculos, a hacer frente a situaciones difíciles, a alejar el mal, ayuda a acumular fuerza en la lucha contra enfermedades graves. Tales velas no deben encenderse sin razón, ni cuando no se está seguro de las consecuencias.

## • Doradas
Atrae la suerte y la victoria.

## • Plateadas
El significado se cruza con la vela azul. Ayudan a eliminar las influencias negativas del mundo exterior, purifican, mejoran la salud física y aportan vitalidad.

Como consideración general, la selección de los colores de las velas se debe pensar en virtud del propio bien y el de sus seres queridos, nunca con fines menos nobles o con afán de hacer daño.

## Ceremonia a la Santa Muerte

Si la ceremonia tiene lugar en casa del solicitante, éste viste a la santa a su gusto:

• Vestimenta tradicional – blanca – símbolo de inocencia. El color hueso simboliza la paz, la armonía y el éxito en los negocios y la familia.

• Para ayudar, la capa de Muertita debe ser roja.

• Abordar cuestiones legales o de equidad: verde.

• Ámbar: Para personas con problemas de drogas y alcohol.
• Marrón: mantenerse saludable sin importar lo que salga mal.

• Superación de dificultades financieras: dorado (símbolo de prosperidad) o amarillo (paz financiera).

• Negro: Es la fuerza para superar los obstáculos de la vida. Equilibrio entre el bien y el mal, protección integral.

• Púrpura: desarrollo intelectual y espiritual.

• Santa Muerta azul o violeta: Despertar de habilidades místicas, conexión con el mundo de los espíritus. Para tener éxito en el trabajo y lograr la armonía en el ambiente de trabajo

En el mercado se venden muchas figurillas para construir altares familiares. Casi todas las tiendas de comestibles tienen una estatua de la Santa Muerte con dólares adjuntos o una caja llena de monedas en el mostrador.

Las imágenes con cabello largo rubio o negro también son comunes. En los círculos de gánsteres, estas estatuas, a veces, se hacen a partir de esqueletos naturales de enemigos muertos.

Santa Muerte usa siete colores diferentes para adaptarse a diferentes requisitos. Por otro lado, la

posición en la que se encuentra la santa también tiene 
un significado. De pie con una guadaña: justicia y 
equidad. Sentada en un trono: representa al rey ante 
el cual todos nos presentaremos algún día.
Las frutas también forman parte de las ofrendas 
tradicionales, y por supuesto deben ser frescas. Las 
manzanas rojas y amarillas (símbolos de prosperidad) 
son especialmente memorables. Santísima no 
rechazará cocos, piñas, mangos, sandías o plátanos. 
Se le suele servir todo tipo de dulces (chocolate, miel, 
caramelos, golosinas, hasta Coca-Cola y chicles) para 
que la vida sea dulce sin amarguras. Las bebidas 
alcohólicas también son uno de los regalos. El tequila, 
el ron, el anís, el vodka, el coñac, el vino, los licores y, 
a veces, la cerveza debe servirse en cristalería.

Le ofrecen cigarrillos y puros. Esto ayuda a prevenir la 
envidia hacia el solicitante. Por lo general, los 
productos de tabaco se dividen en 2 piezas (en esta 
religión se observa el número "2" y otros pares). El agua 
pura (por supuesto, en un vaso de vidrio) es el principal 
conductor de comunicación con la muerte.

El pan se cambia dos veces por semana. Al mismo 
tiempo, las cosas viejas no se tiran, sino que se dejan 
en el parque debajo de los árboles.

Finalmente: incienso, sándalo, mirra, romero, 
almizcle. Ayudan a eliminar la energía negativa y traen 
buena suerte.

Las velas y los aceites aromáticos no estarán de más 
en el altar. Además de lo anterior, se le coloca dinero e 
incluso cartuchos de armas de fuego a sus pies (para 
protección de una muerte violenta).

Se rumorea que la Santa Muerte es tan fuerte como celosa. Si dejas de darle muestras de respeto y atención, de repente puede tomarte entre sus brazos. El adorador de la Santísima lleva consigo su imagen, como símbolo de que siempre la recuerda. Por lo general, se trata de un colgante o llavero de oro o plata. Para una mayor eficacia, el amuleto se templa al fuego de una vela. Además, muchos adherentes hacen un tatuaje con la imagen de esta santa en sus cuerpos; esto protege a una persona de balas, arrestos y otros problemas.

Algunos ritos son realizados sólo por niños (generalmente niñas pequeñas), porque la Santa Muerte es especialmente favorable a su pureza e inocencia.

Es costumbre comunicarse con Muertita (a diferencia de la religión cristiana) en pie de igualdad, con los hombros rectos y la cabeza en alto. En cuanto a la Santa, se la debe mirar directamente a los ojos. A menudo se fumiga su rostro o a la estatua con tabaco de cigarro para una especie de purificación. Tratándola con varios regalos, los beneficios se multiplican.

Para que la Santa Muerte conceda un deseo, debe acercarse a su altar de rodillas. Esta acción se muestra muy claramente en uno de los episodios de la serie "Breaking Bad".

Cada primera noche de mes se celebra una misa seguida de una bendición para todos los asistentes.

Pero algunos adeptos han encontrado una forma astuta de abandonar esta fe si es necesario: deben lavarse tres veces con agua bendita y luego dejar la estatua con una guadaña en una iglesia católica.

Los altares se crean tradicionalmente en el interior de las casas, en las tumbas de los cementerios y, más recientemente, en espacios públicos y museos en México y Estados Unidos. Estos altares públicos muestran el arte de hacer altares para el Día de Muertos y celebran a los seres queridos en el proceso.

Los productos que también se incluyen en los altares son:

• Copal o incienso tradicional (que se remonta a las ceremonias religiosas prehispánicas en México).

• Flores de cempazúchitl o caléndulas (a veces se usan otros tipos de flores).

• Objetos religiosos como crucifijos o estatuas de Nuestra Señora de Guadalupe.

• Los cuatro elementos de la naturaleza, tierra, aire, agua y fuego, vienen en muchas formas, pero por lo general incluyen ollas o sartenes de barro (tierra) y velas (fuego).

• Las ofrendas dicen mucho sobre los parientes fallecidos y lo que disfrutaron en la tierra.

# Capítulo 4
# Oraciones a la Santa Muerte

La Santa Muerte es una figura espiritual venerada en algunos sectores de la cultura popular mexicana y latinoamericana. Aunque no es reconocida por la Iglesia Católica, muchos de sus seguidores creen que ella tiene el poder de conceder favores y protegerlos en momentos difíciles. Hay varias oraciones comunes que se recitan en honor a la Santa Muerte, aquí te presento algunas de ellas:

Los aspirantes deben pensarlo mucho, saber lo que quieren, quiénes participarán en la petición al santo y los posibles resultados.

**Oración principal para ingresar al mundo de Santa Muerte**

Esta oración es muy especial y eficaz; si oras con fe, te ayudará en muchas situaciones difíciles que se presenten en tu vida.

Señor, en tu santa presencia.
Dios Todopoderoso, Padre, Hijo y
Espíritu Santo, te pido permiso
Para pedir la intervención de la Santa Muerte.
Mi niña blanca quisiera pedirte humildemente
romper y destruir todos los hechizos
magia y oscuridad
que recaen sobre mí.
En mi casa, en el trabajo o de viaje,
Santa Muerte, quita toda envidia,

pobreza, angustia, desempleo.
Te estoy pidiendo que me des
(Pedido).
y transformarme en un ser feliz
junto a mi familia, mis parientes
y en mi trabajo
Dame la bendición de dar amor, prosperar.
Bendecid a mis seres queridos
y que sean glorificados en tu amor.
Amén.

## Oración a la Santa Muerte para protección

"Santa Muerte, protectora y guardiana, que nunca me faltes en mis horas más oscuras. Concede a mi alma la protección que tanto necesito, y protege mi cuerpo de todo mal. Ilumina mi camino y guíame hacia la victoria. Amen".

Esta oración se recita para pedir protección y seguridad en situaciones peligrosas, como cuando se viaja por carretera o se encuentra en una situación de riesgo.

## Oración a la Santa Muerte para el amor

"Santa Muerte, tú que conoces los secretos del amor, escucha mi ruego. Concede a mi corazón el amor verdadero que tanto ansío, y haz que mi vida esté llena de felicidad y armonía. Amen".

Esta oración se recita para pedir ayuda en asuntos relacionados con el amor, como encontrar una pareja, mejorar una relación existente o superar una ruptura amorosa.

**Oración a la Santa Muerte para el dinero y el trabajo**
"Santa Muerte, tú que eres la dueña del dinero y la riqueza, escucha mi súplica. Concede a mi trabajo la prosperidad y el éxito que necesito para cumplir mis metas y objetivos. Amen".

Esta oración se recita para pedir ayuda en asuntos relacionados con el dinero y el trabajo, como encontrar empleo, mejorar las finanzas personales o conseguir un aumento de sueldo.

**Oración a la Santa Muerte para la salud**
"Santa Muerte, tú que eres la sanadora y protectora de los enfermos, escucha mi petición. Concede a mi cuerpo la salud y el bienestar que tanto necesito, y protégeme de toda enfermedad y dolor. Amen".

Esta oración se recita para pedir ayuda en asuntos relacionados con la salud, como recuperarse de una enfermedad o lesión, o prevenir enfermedades y dolencias.

**Oración a la Santa Muerte para la protección del hogar**
"Santa Muerte, protectora de mi hogar y mi familia, te pido que me ayudes a mantener a salvo a mis seres

queridos. Que tu luz ilumine mi hogar y aleje todo peligro y maldad. Amen".

Esta oración se recita para pedir protección y seguridad para el hogar y la familia, alejando cualquier amenaza o peligro que pueda manifestarse.

## Oración a la Santa Muerte para la paz y la tranquilidad

"Santa Muerte, tú que eres la señora de la paz y la armonía, te pido que me ayudes a encontrar la calma y la tranquilidad que necesito. Que tu luz me guie hacia la serenidad y la felicidad. Amen".

Esta oración se recita para encontrar paz interior y armonía en la vida cotidiana, alejando todo aquello que perturbe la mente y el corazón.

## Oración a la Santa Muerte para la protección de los niños

"Santa Muerte, protectora de los niños y las criaturas inocentes, te pido que los protejas de todo mal y peligro. Que tu luz ilumine sus caminos y los mantenga siempre a salvo. Amen".

Esta oración se recita para pedir protección y seguridad para los niños y niñas, alejando todo aquello que pueda dañarlos o ponerlos en peligro.

## Oración a la Santa Muerte para la justicia

"Santa Muerte, tú que eres la balanza de la justicia, te pido que me ayudes a encontrar la verdad y la justicia en cualquier situación. Que tu luz ilumine mi camino hacia la rectitud y la equidad. Amen".

Esta oración se recita para encontrar la justicia en situaciones conflictivas, alejando todo aquello que pueda impedir la verdad y la equidad.

Las oraciones dedicadas a la Santa Muerte son muy variadas y se recitan para pedir ayuda en diferentes aspectos de la vida. Para los seguidores de la Santa Muerte, estas oraciones son una forma de conectarse con ella y pedir su protección y ayuda en momentos difíciles.

Las oraciones se pueden hacer pensando en Santa Muerte, pero son aún más poderosas si se realizan frente a su figura y siguiendo las costumbres descritas en los capítulos anteriores.

## Oraciones especiales

•    **Oraciones para convocar a un ser querido:** Se puede optar por la que más se adecue a su situación.

1.    "He venido a preguntarte Santa Niña Blanca, que eres fuerte y erguida, de ojos grandes. Acudo a ti hoy cuando pienso en él/ella (nómbralo), alguien con quien ya no estoy. El milagro que te pido es que lo animes a venir a mí porque no hay nadie más en mi mente. Oh

Santa Muerte blanca, sabes cuánto lo amo y quiero ser su compañero/a de vida, de amor y de pasión, haz que me llame cuanto antes".

2.      "Santa Muerte, tú tienes la fuerza que yo quiero para mí, por favor ilumina a mi esposo (su nombre) de deseo, y que él piense con la esencia de su amor inmaculado, que me siga mirando con locura y que se anime a llamarme, que su nombre se funda con el mío, hoy y aquí".

3.      "Santa Muerte merezco hablar contigo, mírame y explícate con tus palabras mágicas hasta que me estremezca. Oh, gloriosa Niña Blanca, no me dejes desolado en esta lucha interior de miedo y agotamiento. Podrás encontrarlo y obligarlo a buscarme, con palabras sólidas para decirme cuánto me ama. ¡Ten piedad de mí!".

4.      "Mi cariño es enorme y lo cubriré de dulzura, consuelo y ternura. Llévalo a mi vida, haz que piense en mí. ¡Santa Muerte, puedes iluminarme, ayúdame, Santa! ¡Te compensaré por tu voluntad! Este es mi juramento, santísimo y glorificado, cumple mi deseo (diga lo que dará a cambio) y seré un servidor resplandeciente para ti. ¡Oh, eres santa! Que así sea".


**Oración a los Santos Muertos Rojos para que me llamen y piensen en mí**

¿Quién es la Santa Muerte Roja? Te estarás preguntando, simplemente es la típica representación de la Santa, pero con ropaje de ese color. Es decir, tiene los mismos atributos y poderes. Sin embargo, muchas personas se sienten atraídas por su color rojo, que siempre está relacionado con el amor, y es por eso que muchos le dedican una oración a la Santa Muerte para que le cumpla un deseo sentimental.

1.    "En tu poder puedes, oh Santa, justa y misericordiosa muerte. Tu gracia cumplirá mi gran deseo. Me llama (menciona el nombre de tu amado), me pregunta, me ama, piensa en mí día y noche, sus manos tiemblan cuando piensa en mis brazos abrazándolo. Escuché su voz en mi sueño. Me torturo con su imagen que no puedo alcanzar. Haz que nos unamos por siempre"

2.    "Señora de la Muerte intercede para que mi hombre me llame, me encuentre y me lleve al altar. Recuérdale mis sueños (nómbralo) convéncelo de que solo me tenga a mí en mente. Que nada ni nadie puede detener este amor. Con tus virtudes poderosas y sacrificadas ponle el teléfono en sus manos y que me llame porque quiero escuchar su voz ahora".

3.    "Santa Muerte de bendiciones, con esta ferviente oración te explico que extraño a este hombre (diga su nombre), lo amo hasta el cielo, donde quiera que esté. Dile que lo siento en mi vida y que extraño su risa, su hermosa dulzura, háblale de mí. Suplico tu misericordia, hermosa y virtuosa Niña de la Muerte, nada será igual si él no vuelve a mí, que me llame, te lo suplico Santa con santos poderes y humilde moderación, busca a mi hombre, pídele que vuelva a esta mujer que lo ama tanto".

4.	"Oh, santos milagrosos, no me dejéis llorar por él. Que vuelva a tener mi nombre en la cabeza, todo lo puedes, madre de la muerte que revierte el alma de quien se olvida de dar un mensaje claro y necesario como es dar amor".

5.	"Ayúdame Santa, cuando venga tu gracia, te daré (haz tu promesa) y seré tu esclava y rezaré por siempre por tu regalo misterioso, único y posible. Santa Muerte, ten piedad de mí. Quítame el gran dolor de no saber nada de él. Oh Santos Justos, ejemplo de justicia, dadme vuestro milagro. Cuento contigo. Que así sea".

**Si está buscando pareja:**

"Consuélame encontrando a mi futuro esposo, dile que me gustaría conocerlo y abrazarlo. El amor me ha dejado espontáneamente y ahora busco a quien amar. Si lo encuentras, dile que lo amaré hasta los huesos. En mi opinión, el tiempo se acaba para el gran amor, por lo que apresúrate a concederme este deseo. Eres increíble y tienes lo necesario para convencerlo de que me busque y se enamore de mí. Te lo pido Santa Muerte, la Mujer Misericordiosa. Bendita niña que puede con cualquier cosa; si lo logras, te prometo querida muerte (haz tu oferta)".

Terminada esta oración que la puedes tener escrita en un papel, apagas las velas y te retiras en silencio.

## Para que el amor regrese

Ore para atraer la atención de la muerte, y ésta le ayudará a que su pareja regrese con usted en menos de tres días. Esta es una oración muy poderosa que se puede realizar con los siguientes materiales: En una vela roja escriba con una aguja el nombre y apellido de la persona que quieres que regrese. A continuación, enciendes la vela y di alguna de las siguientes oraciones con mucha fe:

1.      "Oh muerte inocente, ayúdame mientras te digo esta oración en voz alta. Tengo un amor lejano que tarda mucho en volver, y mis sentimientos duelen y abruman y siguen creciendo. Oh niña santísima, poderosa y piadosa, escudriña los cielos y la tierra y regrésalo a mis brazos. Dile que lo extraño y que lo amaré cuando regrese. El martirio de la memoria inerte es una muerte tan severa, que solo tú me puedes comprender".

2.      "Venerable y buena muerte. Me arrodillo ante tu imagen y rezo esta oración con esperanza y fervor. Mi esposo me dejó llorando y destrozada sin siquiera hablarme. Me pregunto si merezco esta humillación. Eres fuerte, santa y justa y sé que mis oraciones llegan a tu alma. Entenderás cada palabra de pena y dolor de esos tristes días en que me dejó. Oh querida Santa loada, si puedes hacer que vuelva (di el nombre de tu amor) a mis brazos cubierta de amor".

3.      "Estoy perdida, sin poder hacer nada, he perdido la fe, la esperanza en todo. Eres el sostén de mi dolor, oh divina loada. Métete en el alma del hombre que me mintió con sus sentimientos, es un pedazo de mierda.

Quiero reavivar con fe y optimismo nuestras antiguas metas, soñar juntos nuestras historias, abrazar y besar la pasión capturada. Tómalo en tus brazos y gana su alma perdida y la paz. Que vuelva a ser mío, con calma y con el mismo poder. Te prometo Santa que rezaré todos los días (haz la ofrenda). Mi agradecimiento siempre estará ahí. Mi voz está quebrada y no sé cómo lidiar con este sufrimiento y dolor. Déjalo ser".

Pídele a la Santa Muerte que tu antiguo amor te llame en pocos días.

## Oraciones en cadena

Lo que hace interesante la oración de la Santa Muerte "llámame en 5 días" es la posibilidad de hacer una pequeña petición en el mismo número de días para que esa persona regrese. Es una oración con la que se ve un resultado positivo. Antes de comenzar la breve oración diaria, es fundamental erigir un pequeño altar en honor a la Santa Muerte, en donde solicitará el retorno de la persona que se ha marchado del hogar. Con responsabilidad y conciencia de lo que está orando, puede tomar incluso menos tiempo para ver grandes resultados.

- **Primer día**

"Bajo tu sagrado manto, oh buena Niña Blanca, a ti encomiendo todas mis intenciones. Estoy seguro de que antes de que vuelva con mucho penar (diga su nombre en voz alta) con mirada arrepentida, espero que perdones su ofensa por haberme puesto en una de las peores situaciones de mi vida".

"Pongo en tus manos esta gran piedad, para que ningún ser maligno rompa el hechizo de este devoto (repite su nombre) hasta que me encuentre en la mejor obediencia, sin deseos y muchas razones para perdonarlo. Quien se oponga a este rito precioso e importante, que venga la Santa Muerte y eche la sombra en este trato. Acepta esta solicitud el primer día de mi llamada".

- **Al día siguiente**

"En nombre del búho, este majestuoso animal que representa las luces, sombras y enigmas del reino animal. Que tal ave sea mi mensajero en estos 5 días de esta ceremonia. Que su vuelo siempre sea certero hasta que él (repite el nombre) regrese a mí y encuentre su paz y consuelo. Misericordiosa Santa, vendré a llamarte al día siguiente. Lo espero aquí, con la mejor disposición para recuperar el tiempo perdido y reconocer los errores cometidos".

- **Al tercer día**

"Poderosa Santa Muerte, tienes en tu diestra el reloj que marca la pauta en mi destino. Eres la dueña de mi tiempo, de mi angustia, de mi pesar, de mi dolor y de mi sufrimiento. Durante esta ceremonia, no olvidé poner mi corazón en (diga el nombre). Cuando piense en otra persona, borra sus pensamientos de todos los recuerdos pasados para llamarme por teléfono. Con esta oración lo llamo desde hace tres días y tres noches, para que no dude de que lo estoy buscando".

- **El cuarto día**

"Oh Santa Muerte, te suplico que dirijas todas tus energías para que (diga su nombre) regrese a mí. Espero que (repite el nombre) conmigo sea feliz y no quiera dejar de llamarme. Si siente mi ausencia, espero que sea una razón justa para que desee regresar. Si él/ella siente perderme, que sea una poderosa razón para que la Santa Muerte le atraiga hacia mí para llenarlo de este inmenso amor que tengo para dar".


- **Quinto día**

"Dame la fuerza para cambiar mi suerte, santa niña blanca. Cambiar mi paradigma de dolor con la presencia de este ser querido (diga el nombre). Otra noche estoy con el corazón en suspenso, pero a la vez feliz, porque sé que volverá a mis brazos, con la mirada perdida y sin poder razonar las razones de su regreso, solo preparándose para renunciar a su libertad para volver a estar encadenado a mi amor eterno. Que así sea".


### ¿Cómo pedirle a la Santa Muerte que le llame?

Para finalizar con este capítulo sobre orar a la Santa Muerte para "que me llame", vamos a ofrecer ahora una serie de consejos o recomendaciones para realizar todas estas peticiones:

Para rezar a la Santa Muerte y cumplir con el pedido, debe preparar un altar antes de decir una oración. Enciende una vela blanca y roja (o la vela según el pedido que vimos en el capítulo anterior), así como una vara de incienso de alcanfor para equilibrar las energías del ambiente. Coloque una estatuilla o un libro sagrado del santo en medio de las velas y sostenga una foto de su ser querido en su mano izquierda. Diga las oraciones en voz alta y con gran emoción y deje que las velas se consuman por completo. Repita el ritual durante tres días consecutivos.

## Oración a la Santa Muerte para el trabajo

"Mi querida y amada Muerte Bendita, te suplico con estas palabras porque necesito tu ayuda.

En el trabajo me enfrento a problemas que se me hacen permanentes. He sido presa de gavilanes devoradores y envidiosos que quieren verme desilusionado.

Estoy pasando por un mal momento que quiero cambiar, necesito un trabajo sin envidias donde se reconozcan mis habilidades y pueda destacar para mejorar, y brindar la comodidad que mi familia necesita.

Te pido que mantengas mi trabajo y, si no, me ayudes a encontrar uno mejor. Hazme locuaz e inteligente al momento de cualquier entrevista.

Quiero alcanzar mis objetivos profesionales y sentirme realizado.

Quiero un mejor trabajo con más paga y sin límites para mis metas profesionales.

Estoy tratando de sobresalir con mejores oportunidades. Por eso acudo a ti, a tu bondad y a tu fuerza que no conocen límites, y te hago mis ofrendas. Gracias, te estoy eternamente agradecido, soy tu fiel creyente"

Esta oración se aplica a los momentos en que vamos a entrevistas, cuando estamos a punto de postularnos para un puesto que siempre hemos querido, pedimos ayuda para obtener una promoción o aumento, y si está pasando por un momento difícil en el trabajo. En resumen, esta oración le dará todo lo que tiene que ver con su lugar de trabajo como un todo.

## ¿Es peligroso rezar estas oraciones?

Las oraciones en sí no son peligrosas en absoluto. Sin embargo, es bueno hacer estas cosas con total responsabilidad, porque muchas veces pedimos cosas que son incómodas para nosotros, amigos o familiares.

La oración es un tema delicado porque nos estamos moviendo hacia el reino 100% espiritual y necesitamos saber cómo navegar, porque la negatividad acecha para buscar a aquellos cuya fe es débil.

## ¿Cuándo puedo pedirle a la muerte por mi trabajo?

Siempre, dondequiera que estemos, esta oración será nuestra arma secreta. Muchos recomiendan montar un altar antes de orar o preparar un ambiente que nos ayude a concentrarnos en lo que estamos haciendo.

Sin embargo, es importante que sepamos que, si no hacemos esto, la oración es válida y poderosa porque se hace con fe, y este es el único requisito obligatorio que debemos obedecer.

## Pedirle dinero a la Santa Muerte

Pedirle dinero a la Diosa de la Muerte es una acción realmente poderosa y es por eso que muchos se unen a las filas de los creyentes, y este santo les cumple con sus milagros.

Pedir dinero es muy común, pero lo que quizás no sepas es cómo realizarlo. La Santa Muerte puede ayudar a cualquiera que se le acerque y crea que ella se lo cumplirá.

Aunque no quede claro por qué se está orando, es importante reconocer que lo que se está haciendo es un acto fiel y puramente espiritual, porque la oración es un arma poderosa y debe usarse con mucho respeto y sabiduría.

## Oración para pedirle dinero

El dinero es una preocupación porque sin él no tenemos un poder adquisitivo significativo.

Esta es una oración que nos puede ayudar mucho cuando hemos hecho algo mal y parece que estamos en una etapa en la que no sabemos dónde invertir. El dinero regresará milagrosamente a nosotros rápidamente, por lo que debemos orar por él de manera responsable.

La siguiente es una oración en la que podemos confiar y que nos permite alcanzar las metas financieras que nos hemos propuesto. No importa cuán grande o difícil sea.

"Honorable y bendita muerte, mi fuerte niña blanca, la fiel amiga y compañera en quien confiamos en todos los momentos de nuestra difícil y dolorosa vida y con quien gozaremos en nuestro último día.

Tú que conoces los secretos de la fortuna, deja que la rueda gire naturalmente en la dirección que señale la punta.

Permíteme participar de tu poder y llámame por lo que te estoy pidiendo, felicidad, abundancia y prosperidad.

Tu altar será testigo de la correspondencia que tendré para ti, al poseer los grandes secretos de la felicidad y la fortuna.

Dame la felicidad en la fortuna y en los negocios. Que la riqueza llegue a mi puerta, y la abundancia y la prosperidad reinen en mi casa.

Te estaré agradecido por tus sacrificios y tendrás mi fidelidad para siempre. Agradezco a mi fiel amiga y compañera, mi Blanca Niña, glorificada Mi Santa Muerte. Que sea así".

Últimas consideraciones

## ¿Pequeña secta o gran culto?

La Santa Muerte fue originalmente considerada la santa de los narcotraficantes, prostitutas y bandoleros. Pero Andrew Kastan, profesor de estudios religiosos en la Virginia Commonwealth University, dijo en una entrevista que la secta tiene entre 10 a 12 millones de seguidores en Estados Unidos y el resto de los países hispanoparlantes, por lo que rivaliza con otras grandes religiones.

## ¿Católicos o seguidores del diablo?

La Iglesia prohíbe estrictamente la adoración de la Santa Muerte, que se considera "adoración del diablo". En 2009, incluso decretó que cualquiera que le rece será considerado acto de pecado. Pero muchos seguidores de la Santa afirman ser seguidores y practicantes del cristianismo.

## ¿Para quién?

Esta creencia es definida por los antropólogos como "religión de crisis". De hecho, la Santa Muerte a menudo visita a las familias mexicanas durante tiempos difíciles. Es conocida por lidiar con problemas de dinero, dificultad para encontrar trabajo, dolor y protección.

## ¿Peligroso o no?

Para que la Santa Muerte le conceda su deseo, necesita ofrendas y rituales especiales. Algunos cuentan que para hacer un pedido hay que sangrar en un frasco junto a una escultura de ella, y utilizar 12 velas para representar cada mes del año. Según la creencia, si ella le da ayuda y no se lo agradece, es posible que le traicione.

## ¿Sacrificios humanos?

Si bien este culto no incluye ningún sacrificio, la adoración se ha subido a la cabeza de algunos mexicanos que han cometido lo irreparable. Por ejemplo, el Cártel Independiente de Acapulco asesinó a 28 personas como ofrenda al Santo en un penal de la ciudad. Una familia sonorense también asesinó a dos niños y una mujer como sacrificio a la Santa Muerte.

En los últimos años, San la Muerte ha ingresado al mundo de la cultura pop con bravuconería. Aparece en muchos tatuajes y su imagen adorna el cuerpo, no solo de sus seguidores.

## ¿La Santa Muerte como artilugio?

Quizás su aparición más famosa en la cultura pop fue en la famosa serie de televisión estadounidense Breaking Bad, en la que dos sicarios mexicanos, los hermanos Salamanca, la adoran y le ofrecen regalos para ganar su favor en su búsqueda para dispararle al rey de la metanfetamina de Albuquerque. Pero la Santa no los escuchó y ambos terminaron mal.

Sin embargo, el mayor desafío para los investigadores de nuevas religiones es averiguar de dónde proviene la popularidad de la Santa Muerte fuera de México. No se trata solo de violencia desenfrenada y matanzas, ya que el culto también se está extendiendo en Canadá y Argentina (en menor escala, por supuesto). Y como el número estimado de seguidores ha llegado a varios millones en los últimos años -también en Centroamérica y Estados Unidos-, incluso hay un festival en su honor en Nueva York. La respuesta más poderosa es el mensaje de igualdad de la Santa Muerte a un mundo de profunda desigualdad social. Personas de todas las razas y clases, todas las profesiones, creencias y estilos de vida que son iguales ante ella. Los enfermos y los sanos, los dichosos y los desafortunados, los ingeniosos y los débiles de carácter.

Probablemente es por eso que las personas que son expulsadas por diversas razones de algún círculo social recurren a ella.

Los investigadores han observado que el culto a la Santa Muerte atrae a los pobres, a los del inframundo, así como a las personas LGBT que son condenadas al ostracismo por la iglesia oficial y discriminadas por una sociedad dominada por el "machismo" (Sexismo).

¿Quieres compensar un destino injusto? ¿Quizás expresar celos nobles más de una vez?, sobre todo en países capitalistas, donde la brecha entre ricos y pobres es tan grande, entonces el culto a San la Muerte aparece prometedor, ya que "Finalmente, su guadaña nivelará a todos".

A pesar de todas las hipótesis citadas, incluso las que suenan conscientes y fácticas, los fervientes sentimientos hacia la Santa Muerte de sus seguidores, rozando a veces la exaltación religiosa, así como la confianza que depositan en ella, no son fáciles de aceptar y comprender. Por un lado, armonizan con la era del asesinato (en México) y la desigualdad social (en casi todo el hemisferio occidental), por el otro, sin embargo, van a contracorriente del deseo humano más básico: vivir.

#######